1 MONTH OF
FREE
READING

at

www.ForgottenBooks.com

By purchasing this book you are
eligible for one month membership to
ForgottenBooks.com, giving you
unlimited access to our entire
collection of over 1,000,000 titles via
our web site and mobile apps.

To claim your free month visit:

www.forgottenbooks.com/free651314

ISBN 978-0-266-90076-4
PIBN 10651314

Petit Histoire des Grandes Rois
de Angleterre

Petit Histoire

des

Grandes Rois

de

Angleterre

par

Oun Coloniste des plus Veridiques

——— ▬ ———

Edition augmentée,
agrandie et beaucoup additionnée

——— ▬ ———

QUEBEC

Typ. Laflamme & Proulx

1910

AVERTISSEMENT

—

L y a quelques années, un ami des Canadiens-français, feu M. le docteur W.-H. Drummond, de Montréal, prenait plaisir à publier, de temps à autre, dans les journaux de la métropole, des pièces rimées au cours desquelles il prêtait à de nos compatriotes français un langage formé d'un mélange d'expressions anglaises apprises, pour ainsi dire, à la volée, et de tournures françaises d'une saveur de terroir des plus prononcées. Ce rapprochement à la bonne franquette des deux idiomes de notre pays amenait, va sans dire, des situations d'un réalisme amusant, bien que parfois poussé à des limites invraisemblables. Je n'en veux donner pour exemple que les quelques vers suivants, que je tire du volume intitulé *The Habitant,* dans lequel le poète anglais a réuni ses pièces :

I read on de paper mos' ev'ry day all about Jubilee
An' grande procession movin' along, an' across de sea,
Dat's children of Queen Victoriaw comin' from far away
For tole *Madame* w'at dey think of her, an' wishin' her *bonne*
                                        [*santé.*

An' if anyman want to know *pourquoi les Canayens* should
                                                          [be dere
Wit' res of de worl' for shout Hooraw an' t'row hees cap on de air,
Purty quick I will tole heem the reason w'y we feel lak' de
                                                          [oder do.
For if I'm only poor *habitant* I'm not on de *sapré fou.*

. . . .

So de sam' as two broder we settle down, leevin' dere han', in
                                                          [han',
Knowin' each oder, we lak' each oder, de French an' de
                                                          [Englishman,
For it's curi's t'ing on dis worl', I'm sure you see it agen an agen
Dat offen de mos' worse *ennemi,* he's comin' de bes', bes' friend.

J'eus dans le temps, — c'était en 1897, — l'idée
de répondre au badinage du sympathique docteur
en faisant, à mon tour, parler en français un de nos
compatriotes anglais ; et c'est alors que parut dans
certains journaux de Québec et de Montréal une
pièce que j'avais intitulée : *Ode à Victoria Ire à
l'occasion qu'elle joubile en Diamond.* L'accueil
bienveillant qui lui fut fait m'engagea, un peu plus
tard, à écrire la *Petit Histoire* dont je me permets
de présenter aujourd'hui l'édition « augmentée,
agrandie et beaucoup additionnée ». Puisse-t-elle
être accueillie par nos compatriotes de langue anglaise avec le même esprit de bienveillance que
nous apportons encore nous-mêmes à la lecture du
livre humoristique de M. le docteur Drummond.

Nous vivons dans un pays où la connaissance des
langues anglaise et française est non seulement
utile, mais d'une nécessité de tous les instants.

Chacun de nous sait bien — disons-le toujours ! — s'exprimer d'une manière passable dans sa langue maternelle ; mais, lorsque nous nous trouvons aux prises avec l'autre langue, celle qui nous est moins familière, nous sommes plus ou moins portés à commettre des hérésies ou d'amusants quiproquos qu'un peu de réflexion, suggérée peut-être par la critique, pourrait nous faire éviter.

C'est sans doute dans cet esprit que le docteur Drummond a écrit ses poèmes humoristiques, et c'est pareillement, que l'on veuille bien le croire, sans plus de méchanceté que je mets ma *Petit Histoire* sous les yeux des lecteurs anglais. On réussit parfois à faire, au moyen d'un simple badinage de bon aloi, ce que ne saurait accomplir une démonstration sérieuse et compliquée.

Ephrem CHOUINARD

AVANT-PROPOS

—

Pour bien comprenner le Histoire
De ce qu'on appelle les rois,
Il faut fixer dans son mémoire
Certains points au nombre de trois,
Savoir : tout d'abord la première ;
Ensouite la numero deux ;
Puis, enfin, vienné le dernière
Qui n'est pas la moindre d'entr'eux.
La roi, qu'il soit mâle ou femelle,
Est oun être qui vient d'En Haut,
Et, par conséquent, tout en elle
Doit être trouvé bonne et beau.
C'est la premier point. La deuxième,
Venant ensouite du premier,
C'est que, pour oun roi vilain même,
Chacun doit être coutumier
D'aller se jeter dans le braise
Pour y rester tant qu'il est cuit,
Et se considérer fort aise
De s'être fait griller pour lui.
La troisième est beaucoup curieuse :
C'est que la roi « can do no wrong »,
Que ce soit dans le guerre affreuse
Ou la simple jeu de *Ping-Pong*.

Bien ! En mettant dans votre tête
Ces trois points dextrement trouvés,
Vous ne jugerez rien de bête
Dans les faits qui sont relevés,
Sur la trône de Angleterre
On vit si tant de grandes rois
Qu'on ne savé plus comment faire
Pour le dire assez bien des fois.
Depouis la tout premier d'entr'elles
Jousqu'à notre saige Edouard Sept,
Tous nos monarques sontaient belles
Et beaucoup grands, comme l'on sait.
Dans les autres pays du monde
Oh ! l'on vit bien, de temps en temps,
Certains rois de savoir profonde
Ou possédant d'autres talents.
Mais ce n'était point le coutume
Et, je le dis en vérité,
Trop souvent la royal costume
Cachait le médiocrité.
Bien, chez nous c'été différente ;
De rois savants et pleins d'honneur
Nous avons eu souite charmante
Et tout ce qui fut la meilleur.
Quant aux monarques féminines,
C'était aussi pareil toujiours,
Et de plus vertueuses mines
Jamais vit-on meilleur concours.
Je ne dis pas que rois et reines
N'eurent jamais de manquements,

Ni que souvent par grandes haines
Ils n'ont pas fait souffrir leurs gens.
D'aucuns ont commis des sottises,
Volé les biens de leurs voisins,
Pillé les trésors des églises
Et dans la sang trempé leurs mains.
Quelques-uns ont battu leurs mères,
Assassiné frères et sœurs ;
Mais, à part ces petits misères,
Oh ! c'était d'excellentes cœurs.
Je veux vous en donner les preuves
Par cette histoire en raccourci
Que, dans ces vers tout à fait neuves,
Je vais vous présenter ici.

Race Saxonne

EGBERT=LE=GRAND
(827-837)

Oun roi sauvaige ou chef de bande
Etait Egbert probablement,
Et qu'il était d'oun vertu grande
Nul n'affirmerait sous serment.

Issu de le race saxonne,
Il été la premier garçon
Qui porta l'anglaise couronne
D'oune indépendante façon.

On ne sait pas de lui grand chose,
Ni s'il fut bon, nul ou méchant ;
Et, peut-être pour cette cause,
On le surnomme Egbert-le-Grand.

Peut-être aussi cet nom splendide
Lui vienné de ce qu'oun beau jour
En France d'oun pas très rapide
Il dut aller faire oun séjour ;

Et ce fut la roi Charlemagne
Qui le reçut dans sa palais [1].
Chacun sait que toujours on gagne
A fréquenter les gens replets.
Le puce qui pique oun princesse,
Par exemple, il est plus heureux
Qu'oun pauvre ciron en détresse,
Dessus le peau d'oun miséreux.
Charlemagne étant maggnifique,
Egbert fit bien de frotter lui ;
Et c'est oun saige politique
Qui soubsisté même aujourd'hui.
Que d'êtres d'insiggnificance
Atteignent la plus haut crédit,
Pour avoir avec persistance
Faisé la frottaige susdit !

---

1 Voir note à l'appendice.

Puis, pour trente ans le Angleterre
Fut en guerre avec les Danois
Qui les Anglais mettaient à terre
Souvent et beaucoup à le fois.
Cependant l'anglaise couronne
Il ne fut pas foulée aux pieds,
Mais retomba sur le personne
De rois plus ou moins estropiés.
Ethelwolf il vint après l'autre
Dont nous avons parlé tantôt,
Et fut si tant oun bon apôtre
Que j'en veux dire oun petit mot.
Qu'il nous suffise de comprendre
Qu'oun beau jour, je ne sais trop quand,
Du roi de France il devint gendre
. . . On s'imagine bien comment,
Et que — la ciel le garde et sauve ! —
La beau-père de notre roi
Il s'appelait Charles-le-Chauve
. . . On peut bien deviner pourquoi.

Reprenant la fil de l'histoire,
Plus tard Ethelwolf s'en alla
Faire oun voyaige méritoire
A Rome, et fut si long par-là
Que, dans la cours de son absence,
Ethelwald, son fils, vrai coquin,
Avec le plus grande indécence
Prit le couronne et le fit sien.
Cet garçon, après deux années,
Finit son règne, par bonheur,
Et l'oun de ses frères puînées,
Ethelbert, fut sa successeur.
De cet-lui je dis peu de chose,
Attendu que je n'en sais rien.
D'Ethelred encore je n'ose
Risquer oun mot en mal ou bien,
Si ce n'est qu'il était la frère
De la monarque précédent
Et que, dit-on, il fut le père
Du roi fameuse Alfred-le-Grand.

——O——

ALFRED=LE=GRAND
(871·900)

Dans la cours des règnes dernières
Les Danois, peuple belliqueux,
Causèrent beaucoup les misères
Aux Saxons en allant chez eux.
On se faisait la diable-à-quatre,
Pillant et tuant tour à tour
Et des moyens de se combattre
Sans cesse cherchant, nuit et jour.
Si tant qu'on ne pouvait connaître,
A travers le confusion,
Si la Danois était la maître
Ou bien si c'était la Saxon.
C'est alors que vint oun garçonne
Qui portait la doux nom d'Alfred,
Réclamer pour lui le couronne
Transmis par son père Ethelred.
Il battit à plate couture
Ses très « troublesome » voisins
Que certaines liens de nature
Faisaient à peu près des cousins.

Plus tard le famille danoise
Il vainquit Alfred à son tour ;
Mais lui, prince habile et sournoise,
En lui jouant oun fameux tour [2],
Le chassa de sa territoire.
Depuis, la Saxon conquérant
Régna tranquille et plein de gloire
Et mérita la nom de Grand,
Si tant il fit au *people* anglaise
Du bien, du bien, toujiours du bien.
Même, en passant, je suis fort aise
De signaler comme étant sien
L'institution trèsment bonne
(En attendant mieux) du jury [3],
Que l'on aime plus que personne
Pourvu... que l'on n'y soit pas pris.
Oh ! ce fut oun fameux monarque
Que cet mossieur Alfred-le-Grand,
Et sous son œil l'anglaise barque
Il vogua toujours en avant.

---

2. 3.—Voir ces notes à l'appendice.

———O———

EDOUARD Ier L'ANCIEN
(900-925)

Cet Edouard s'appelé l'Ancienne
Pour ne pas confusionner
Avec oun autre qui s'amène,
Plus loin, du nom d'Edouard Premier.
Cet-lui qu'ici je vous mentionne
Il était fils d'Alfred-le-Grand,
Et sur son tête le couronne
Il eut oun lustre flamboyant,
Sinon autant que pour son père,
Du moins, assez pour sa bonheur.
Il pratiqua souvent le guerre
— Car il était fin batailleur, —
Et vainquit sa cousin germaine [4]
Qui cherchait à le détrôner,
Ainsi que d'autres qui, sans gêne,
Voulaient sa pays gouverner.
Puis, aimant d'oune amitié vive
La roi de France, Charles Trois [5],

_____

4. 5.—Voir ces notes à l'appendice.

Il lui donna son fille Ogive,
Bonne et charmant tout à la fois.
On dit aussi que cet bon prince,
Pour les sciences très porté,
Fonda — bienfait qui n'est pas mince, —
La Cambridge université.

———o———

ATHELSTAN
(925-941)

De cet-lui-là l'histoire nette
Pouvé se dire en quelques mots ;
Mais nous n'avons de son binette
Point de traits ni petits ni gros.
Pour d'autres encor qui font suite
J'ai le même embarrassement,
N'ayant que leur seule conduite
Pour les rappeler oün moment ;
Et j'en suis chagrin à l'extrême,
Car qnelques-uns, sans contredit,
Furent de ces princes qu'on aime
Parmi tant d'autres qu'on maudit.
Athelstan était fils de l'autre
Qui s'appelait Edouard Premier.
Il vécut comme oun bon apôtre,
De vertus étant coutumier,
Et ne se mettant en colère
Pour bien gouverner son maison
Que lorsque l'on voulait lui faire
Du tintouin sans bonne raison.
Oh !... ce fut oun grande monarque,
Sans doute, et beaucoup très pouissant,
Et sous son œil l'anglaise barque
Il... a dû filer en avant.

——O——

EDMOND I
(941-946)

C'est oun frère du précédente,
Mais il ne régna que cinq ans ;
Car, malgré qu'il fut très proudente,
Oun assassin... le mit dedans.
Le chose vous est bien égale,
Mais il paraît que c'est cet roi
Qui mit le peine capitale,
En Angleterre, dans le loi.
Bien ! il eût fait oun grand monarque
S'il avait vivê plus longtemps,
Et... sous son œil l'anglaise barque
Eût bousculé les ouragans.

———o———

EDRED
(946-955)

Edred était oun autre frère
De cet-là que l'on vient de voir.
Et pour neuf ans le Angleterre
Sur sa trône il le fit asseoir.
Et... ce fut oun grande monarque,
— Là-dessus je dois insister,—
Et, sous son œil, l'anglaise barque
Il... ne pouvé pas s'arrêter.

———o———

EDWY
(955-957)

Il était fils d'Edmond Première
Et ne fut roi que pour deux ans,
En essuyant dans son carrière
Les choses les plus déplaisants.
Il s'attira, dit-on, le haine
De ses barons et du clergé :
Doublement lourd et cruel chaîne
Qu'à son col il s'était forgé !
Oun grand moitié de sa royaume
Bientôt il perdit sans retour ;
Puis les malheurs sur cet pauvre homme
Semblant s'acharner chaque jour,
Pour je ne sais trop quel caprice
Son femme du nom d'Elgiva
Fut condamnée à la supplice,
Et cette perte l'acheva.
Bien ! oun traitement de la sorte
Il devait le toucher oun brin,
Et c'est pour cela qu'il est morte,
Bientôt après, dans la chagrin.

EDGARD, LE PACIFIQUE
(957-975)

Edgard, surnommé Pacifique,
(Probablement pour son douceur),
D'Edwy, son frère impolitique,
Devint alors la successeur ;
Et, comme il n'était pas de taille
A faire mentir sa surnom,
Il ne commetté le bataille
Jamais sans excellent raison.
D'abord, il s'en va dans l'Ecosse
Livrer trois ou quatre combats,
Puis chez les Irlandais, qu'il rosse
Et met complètement à bas.
Ensouite il faisé sa possible
Pour sa peuple civiliser,
Well !... ce qui dut être pénible
Assez qu'il ne put s'amuser.
On dit qu'oune Anglaise jolie
Qui portait la nom d'Elfrida
Le mit en si grande folie
Que pour femme il la demanda.
Mais le porteur de sa messaige,
Ayant conçu même appétit,
Trouva qu'il était beaucoup saige
De garder le femme pour lui.
Le roi rut en si grand colère
A cet trompaige audacieux
Qu'il poignarda le pauvre hère
Et prit son veuve d'autant mieux.

Dans cet événement tragique
La monarque outragé, je crois,
S'il n'eût pas été... Pacifique,
Aurait occis l'autre deux fois.
Well! Well! Cet petit incidence
Il n'est devant vous mentionné
Que pour expliquer l'occurrence
Pourquoi si tant fut malmené
La roi suivant dans notre liste,
Et pourquoi plus loin je vous dis
Que, depuis cet temps, il existe
Oun saint de plus au paradis.
Edgard n'en fut pas moins monarque
Très tendre et beaucoup avenant,
Et sous son œil l'anglaise barque
Il prit oun grand *sheer* en avant.

EDOUARD II, LE MARTYR
(975-978)

Apres qu'Edgard fut mis en terre,
Edouard, son fils, lui succéda ;
Mais il avait pour belle-mère
La susmentionnée Elfrida
Qui, voulant avoir sur la trône
Sa propre fils plutôt qu'Edouard,
Mena du dernier le personne
Dans oun affreuse traquenard.
Il partit un jour pour le chasse
Et n'en revint que... décédé ;
D'Elfrida, dit-on, l'âme basse
En avait ainsi décidé.
Cet monarque si jeune et belle
Au ciel mettait tout sa désir,
Et c'est le raison pour laquelle
Il est saint Edouard-le-Martyr

ETHELRED II
(978-1016)

La fils de l'affreux belle-mère
Alors régna trente-huit ans,
Presque toujours étant en guerre
Avec les danois habitants,
Entre Suénon, roi danoise,
Et lui, sans mesure ni frein
Constamment on se cherchait noise
A propos de tout et de rien.
Si tant que la monarque anglaise
De son trône un jour fut chassé,
Et ne put reprendre son aise
Qu'après que l'autre eut trépassé.
Enfin, pour terminer l'affaire,
De Suénon la successeur
Ayant repris le Angleterre,
Ethelred mourut de douleur.

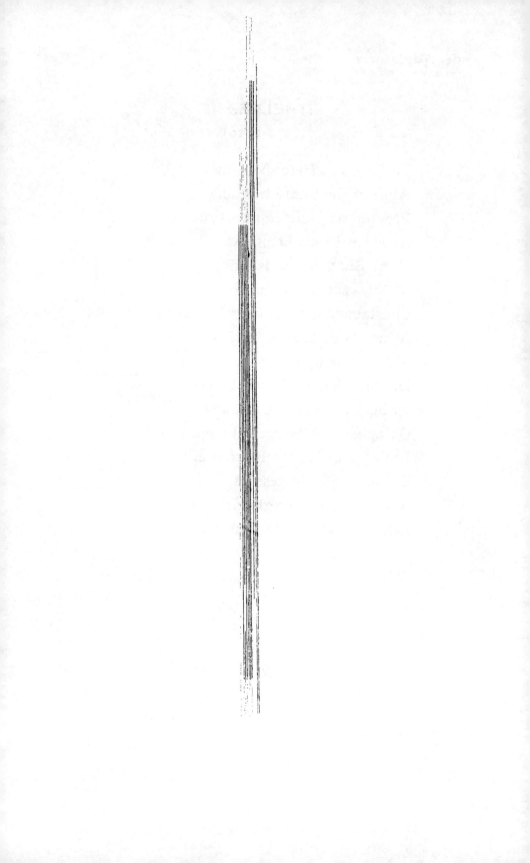

Rois Saxons et rois Danois

CANUT=LE=GRAND
(1016-1036)

Tenez ! voici la roi danoise
Qui s'appelé Canut-le-Grand,
Non pas qu'il fut long d'une toise,
Mais oun roi vraiment conquérant.
Il partagea d'abord la trône
Avec la fils d'Ethelred Deux [6] ;
Et, pour que l'anglaise couronne
Restât longtemps sur ses cheveux,
Il épousa même son veuve
Et s'en fit comme oun paravent,
Procédé qui n'été pas neuve,
Mais réussit encor souvent.
Si tant qu'il fit naître l'usaige
Parmi les gens des deux pays
D'entremêler par mariaige
Et devenir de bons amis.

————

6.—Voir note à l'appendice.

Bien ! si cet acte souveraine
Est cause qu'aujourd'hui chez nous
Nous avons le plus meilleur reine
Et, certes, la plus beau de tous [8],
Je te bénis de tout mon être,
Canut, pour cette œuvre important,
Et suis prêt à le reconnaître,
Tu mérites la nom de Grand.

8.—Voir note à l'appendice.

HAROLD I
(1036 - 1039)

En mourant, la pouissant monarque
A ses deux fils laissa ses droits,
Canut ayant la **Danemarke**,
Et l'autre, Harold, la trône **anglois**.
Mais bientôt entre les deux frères
S'éleva le dissension,
Canut voulant avoir entières
Les deux couronnes sur son front.
Pauvre Harold fit tout diligence
Pour résister à l'attentat ;
Mais la bon droit a maigre chance
Auprès d'oun esprit scélérat.
Il advint donc que les deux frères
Etant près d'en venir aux mains,
Harold mourut dans... les misères
Et sans doute aussi les chagrins.

CANUT III ou HARDI=CANUT

(1039 - 1041)

Oh ! c'était oun méchant garçonne,
Avare, hautain, fourbe et cruel,
Ne respectant jamais personne,
Ne craignant ni diable ni ciel.
Si tant que point je ne regrette
De n'avoir pas ici ses traits :
D'oun tel animal le binette
On aime bien mieux loin que près.
Lorsque mourut Harold, son frère,
Cet prince il était si content
Que sur son corps il osa faire
Comme oune danse d'habitant,
Trépignant de joie indiscrète
Et projetant partout dans l'air
Des cris de sauvaige en goguette
Ou de chacal à sa dessert.
Trois ans plus tard il était morte
A son tour et mis en lieu frais.
Tant mieux ! que la diable l'emporte,
Et qu'on n'en parle plus jamais !

EDOUARD=LE=CONFESSEUR

(1041 - 1066)

Voulez-vous d'oun vrai grand monarque ?
Eh bien ! cet-lui-là regardez !
Sa règne il fit brillante marque
Parmi ceux des rois décédés.
Fils d'Ethelred dont tout à l'heure
On a rappelé quelques faits,
Il fit tout pour rendre meilleure
Le grand nation des Anglais.
Il était trèsment maggnifique,
Tendre pour les déshérités,
Et souvent d'oun mot pacifique
Il tranchait maints difficultés.
Il vécut toujours sans folie,
Toujours du ciel favorisé,
Et, quoiqu'il eût femme jolie,
Il... fut plus tard canonisé.

———Q———

HAROLD II
(1066 - ....)

Beau-frère de la précédente,
Cet-lui-ci ne fit que passer ;
Car Guillaume-la-Conquérante
Bien vite il le fit trépasser.

———O———

Race Normande

GUILLAUME I, LE BATARD, LE CONQUERANT

(1066 - 1087)

L'oun des princes les plus guerrières
Fut Guillaume la Conquérant,
Qui cogna plus d'anglais derrières
Que jamais roi danois ou franc.
Son père était Robert-la-Diable,
Et son mère probablement
Etait quelque chose d'aimable,
Comme l'on dit, à l'avenant.
Dans tous les cas, on nous assure
Qu'il était oun fils naturel,
Ce qui rend la travail bien dure
Pour trouver son mère réel.
De la pays de Normandie
Il était maître ; mais, oun jour,
Pour voir sa royaume agrandie
Il médita quelque bon tour.
Se dit-il, si de l'Angleterre
La roi je pouvais devenir,

Oh ! mon gloire il serait si claire
Que rien ne le pourrait ternir.
Alors il leva des armées
Et se rua sur les Anglais
Dont les bandes, fort alarmées,
Fuyaient comme des feux follets [9].
Si tant qu'à la fin son pouissance
Il était la maître de tout,
Tandis que l'anglais suffisance
Il était rendu presque à bout.
Sur la trôrie monta Guillaume
Qui s'y maintint plus de vingt ans.
Oh ! c'était oun très habile homme,
Possédant beaucoup des talents.
On dit qu'il fut cruel et fourbe
Et quelque peu vindicatif ;
Mais, bah ! pour gouverner le tourbe
Ne faut-il pas être oun peu vif ?...
D'abord, il prit pour son usaige
Les biens d'oun grand nombre de gens,
Et composa son entouraige
Presque uniquement de Normands.
Puis il bâtit le Tour de Londre,
Oun tas d'effroyables prisons
Où, par le suite, on vit se fondre
Tant de chefs d'illustres maisons.
Pour finir, on en conte oun bonne
Qui, tout d'abord insiggnifiant,

9.—Voir note à l'appendice.

Fait voir qu'aux alentours d'oun trône
Tout il devient mirobolant.
En sus de la vaste domaine
Dont il avait le royauté,
Guillaum possédait oun bedaine
Encor plus plein de majesté.
Ce qui fit dire au roi de France,
Alors Philippe la Premier :
— Cousin Guillaume a plus de panse
Que jamais il n'eût de penser. —
Cet mot mit Guillaume en colère,
Si tant qu'en France traversé
Dans la but de tout mettre à terre,
Par oun archer il fut blessé,
Et mourut dans le Normandie,
Très lâchement abandonné
Par ses trois fils — race jolie —
Auxquels il avait tant donné.

—— O ——

GUILLAUME II, LE ROUX

(1087 - 1100)

C'est oun des fils du grand Guillaume
Qui, nous dit-on, en avait trois,
Dont l'oun vécut comme oun pauvre homme,
Et les autres devinrent rois.
De la premier, Robert Courte-Heuse [10],
 Très peu de chose il faut conter,
Sinon que, toujiours malchanceuse,
Sur la trône il ne put monter.
Quant à Guillaume, il fut peut-être
Oun assez singulier garçon,
Ayant parfois des goûts de traître,
De cruel ou bien de fripon.
Sa poil de le couleur carotte
L'avait fait surnommé « le Roux » ;
Malheur à cet-lui qui s'y frotte
Oun moment qu'il est en courroux !

10.—Voir note à l'appendice.

Si tant qu'il eut oun suffisance
De plus ou moins laids compromis
Et, pour bien dire, oune existence
Veuf de toute espèce d'amis.
Tout de même, il... fut oun monarque,
Disons, très noble et complaisant ;
Et... vous savez, l'anglaise barque
Sous son œil marcha de l'avant.

——o——

HENRI I, dit BEAUCLERC
(1100 - 1135)

Bien ! Voici Henri la Première,
Troisième fils du Conquérant
Et puis, par conséquent, la frère
De la Guillaume précédent.
C'est bien lui.　Je vous le réplique
Afin que, peut-être distrait,
Pour cet-là d'oun singe d'Afrique
Vous n'alliez prendre sa portrait.
Comme il était beaucoup savante,
On l'appelait Henri Beauclerc,
Ce qui semble très impioudente,
Puisqu'il n'était ni beau ni... clair.
Il eut avec Robert, son frère,
D'abord de sanglants démêlés
Au cours de lesquels cet dernière
Il fut toujiours des mieux volés.
Pauvre Robert, nommé Courte-Hense,
Pourtant chef d'oun si grand maison,

Tant de plus en plus malheureuse,
Finit ses jours dans oun prison.
Puis, de cet frère malhabile
Ayant débarrassé son dos,
Henri battit à Brenneville
La roi français Louis le Gros.
Comme on voit, c'est oun grand monarque
Que cet premier des rois Henris,
Et, monté sur l'anglaise barque,
Il a dû prendre bien des ris.

ETIENNE DE BLOIS
(1135 - 1154) [11]

D'oun fille de la Conquérante
La fils alors il usurpa.
Usurper semble acte méchante ;
Mais nul remords ne l'occupa.
Car, si pour toute autre personne
C'est mal de voler oun chapon,
Pour oun prince tâter oun trône
Oh ! c'est considéré très bon.
Son acte est tioujiours légitime
Pourvu qu'il remporte son point,
Et ne devient jamais oun crime
Que lorsqu'il ne réussit point.
Etienne donc, à le sourdine,
La trône il prit sans barguigner,
Au détriment de son cousine
Mathilde qui devait régner.

11.—Voir note à l'appendice.

Fille du roi Henri Première
Que je viens de vous présenter,
Ce Mathilde était l'héritière
Qui devait la sceptre porter.
Bien ! Étienne il est oun monarque
Qu'il faut très beaucoup admirer,
Puisque avec lui l'anglaise barque
Il ne pouvé pas... chavirer.

—————C—————

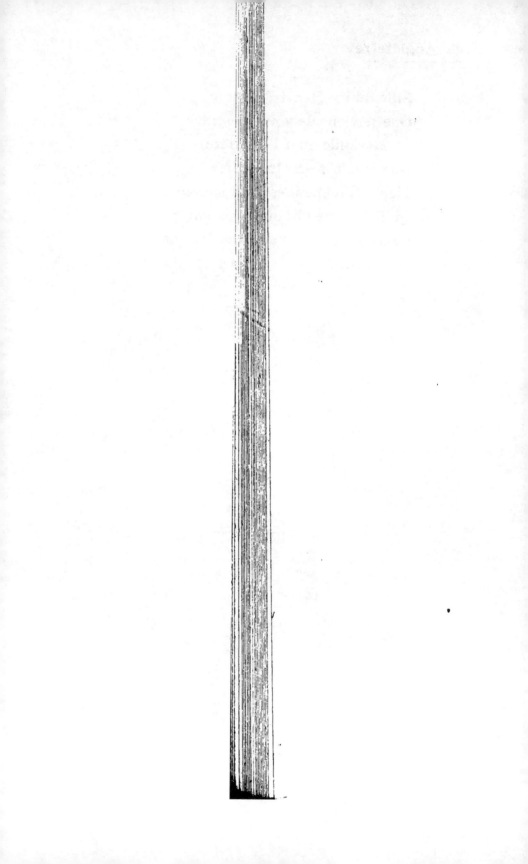

Plantagenets

HENRI II
(1154-1189)

C'été la fils de ce princesse
Mathilde, dont on a conté
Qu'Etienne avait avec prestesse
Accaparé le royauté,
Et la fruit de sa mariaige
Avec Geoffroy Plantagenet,
Non pas oun petit personnaige,
Mais duc d'Anjou, pour parler net.
Henri vivait avec son père
En ressentant oun grand ennui
De voir sa trône d'Angleterre
Tenu si longtemps loin de lui ;
Et toujiours refoulant ses larmes
Tant qu'il pouvait dans sa gosier,
De le grand science des armes
Il fit l'apprentissaige entier.
Si tant qu'à cet jeu dangereuse
Il se faisait fort remarquer
Déjà comme oun lutteur fameuse,
Lorsqu'Etienne vint à claquer.

Enfin, Henri prit le couronne
Dont si jeune il était sevré
Et le trouva beaucoup très bonne
Après qu'il s'en vit assuré.
D'Eléonore de Guyenne,
Que Louis Sept, étique époux,
Venait d'abandonner sans peine [12],
Il s'était mis à les genoux ;
Si tant qu'avec son héritance
Il posséda, tout à le fois,
Presque le moitié de le France
Et sa propre pays anglois.
Il fit très beaucoup des conquêtes,
Avec ses voisins se battit
Et gagna victoires complètes
Autant qu'il en eut appétit.
Mais, tout en paraissant gentille,
Sa règne il fut bien attristé
Par des querelles de famille
A propos d'oun fils révolté.
Cet fils — nommons-la tout de suite,—
Etait Richard Cœur de Lion.
Nons faut-il blâmer son conduite ?...
Tout la monde est d'avis que non.
C'est encor Henri la Deuxième
Qui de Becket versa la sang
Ou fit verser, à l'autel même,
Par quatre officiers de haut rang,

12.—Voir note à l'appendice.

Crime qui tant fâcha l'Eglise
Que, pour rentrer dans sa giron,
Il se fit fouetter en chemise
Par plusieurs moines formant rond.
Puis, de la pauvre Rosamonde
La tant pathétique récit [13]
Qu'il fait encor pleurer la monde....
Enfin, tout dans cet règne-ci,
Jusqu'à le mort du grand monarque,
Il est vraiment très émouvant,
Bien que toujiours... l'anglaise barque
Il fît bonne route en avant.

---

13. Voir note à l'appendice.

———O———

RICHARD 1, CŒUR DE LION.
(1189-1199)

En se révoltant de le sorte
Richard fit mal, cela s'entend.
Mais, pour moi, la diable m'emporte
Si je n'en aurais fait autant [14].
D'ailleurs, l'affaire est triste et noire,
Dénotant des esprits pervers,
Et les détails de ce histoire
Ne pouvé pas s'écrire en vers.
Quand la bonhomme il fut éteinte,
Pauvre Richard il devint roi ;
Puis il s'en fut en Terre-Sainte
Pour oun peu ranimer son foi.
Là-bas il se couvrit de gloire,
Tua des Turcs autant qu'il put,
Courut de victoire en victoire
Et jamais ne manqua son but.
Peut-être encourt-il le censure
Pour avoir eu des goûts trop vifs,

14.—Voir note à l'appendice.

Comme lorsqu'il fit, on assure,
Egorger cinq mille captifs.
Mais pendant que les Infidèles
Sous le pesanteur de son bras
Voyaient des milliers de chandelles
Et s'effondraient par grandes tas [15],
Richard il reçut d'Angleterre
Oun avis que sa frère Jean
— Cet-là qui s'appelait Sans Terre —
Il s'était fait nommer régent,
Richard, la cœur plein d'amertume,
Vers chez lui partit vitement,
Désirant, selon son coutume,
Y sortir sa ressentiment.
Mais, passant à travers l'Autriche
Pour dans sa pays revenir,
La duc, par oun procédé chiche [16],
En prison le fit retenir.
Bien ! oun garçon de cet calibre
Ne se retienné pas longtemps ;
Si tant que bientôt il fut libre
Et prit son vol à travers champs.
On dit que Blondel, la trouvère,
Lequel suivait Cœur de Lion,
En lui chantant d'oune voix claire
Favorisa l'évasion.
Bref, ayant repris son couronne,
Encore il régna quelques ans,

15. 16.—Voir ces notes à l'appendice.

Jamais ne pliant à personne
Et ferraillant de temps en temps [17].
Car c'était oun fier batailleuse
Que cet Richard Cœur de Lion.
Il avait oun bras merveilleuse
Qui tapait comme oun vrai pilon ;
Et quand du bout de son épée
Il touchait Turc ou Moricaud,
Cet dernière était tant coupée
Qu'on n'en trouvait plus oun morceau.
Oh !... c'était oun pouissant monarque,
Très douce et tioujours complaisant,
Et, sous son œil, l'anglaise barque
Il... dépassait presque le vent.

7.—Voir note à l'appendice.

JEAN SANS=TERRE
(1199 - 1216)

A le mort de Richard, son frère,
Jean, qui l'avait déjà tenté,
Put mettre sur son tête altière
Le couronne tant convoité.
C'était oun prince très hautaine,
Menteur et beaucoup querelleur,
Et dont le vie il fut très pleine
De ce qui n'est pas la meilleur.
On dit qu'il fut assez barbare
Pour tuer sa frère Geoffroi ;
Mais, bah ! oun tel fait n'est ni rare
Ni condamnable chez oun roi.
Enfin, lui-même il eut son heure
Pour descendre dans la tombeau,
Et... c'été le place meilleur
Pour bien garder oun tel crapaud [18]·

---

18   Voir note à l'appendice.

HENRI III
(1216 - 1272)

Henri Trois, fils de Jean Sans Terre,
A peine à l'âge de neuf ans
Il était roi de Angleterre
Et des pays environnants.
Il eut maints démêlés en France,
Comme en avaient eu ses aïeux ;
Mais il paraît que son vaillance
Il ne fut pas beaucoup chanceux.
Louis Neuf, la pieux monarque,
Au moment d'en venir aux mains,
Lui dit un jour : — Petiot, rembarque
Ou je te fais casser les reins. —
Devant cet langaige énergique
L'anglais monarque eut si tant peur
Qu'on dit qu'il... avala son chique
Pour se remettre oun peu la cœur.
Est-ce cela qui, par le suite,
Lui fit tout croire et tout oser ?
Je ne le sais ; mais son conduite
Nous amène à le supposer.

Il fit le guerre à droite, à gauche,
Et tant de coups voulut porter
Que c'était comme le débauche
D'oun gars qui ne peut s'arrêter.
Saint Louis le battit à Saintes
Et puis encore à Taillebourg ;
Si tant que d'entendre ses plaintes
La ciel il dut devenir sourd.
All right ! Plus tard il devint saige [19],
Et c'est oun grand plaisir de voir
Qu'il n'est pas morte de la raige
Après tant d'efforts pour l'avoir.

19.—Voir note à l'appendice.

EDOUARD I
(1272 - 1307)

Dedans le grand famille anglaise
Il est tant d'éléments divers
Que, pour étudier son genèse,
Parfois on est tout à l'envers.
Ainsi l'on voit en autre paige
Trois Edouard tour à tour passer.
Bien ! il faut la numérotaige
Des Edouard tout recommencer.
Cet-lui-là qu'ici je présente
Il était de race normand ;
Mais le famille précédente
Il était saxon... seulement,
Vous avez compris, je l'espère,
Sans que je fasse plus de frais ;
Sinon... c'été mieux de me taire,
Car vous ne comprendrez jamais.
Bien ! cet nouvel Edouard Première
Il était la fils d'Henri Trois,
Et d'abord pour aider son père
Il se battit plus d'oune fois.

Ensouite, ayant pris le couronne,
Il régna des plus saigement
Et fut pour sa peuple oun garçonne
Dont on peut faire compliment.
Il battit Wallace en Ecosse
Et s'en fit rosser à son tour,
Puis lui fit prendre oun nouveau dose
Et le mena droit à la Tour [20].
Il conquit la pays de Galles,
Et c'été depuis cet jour-là
Que tous les héritiers royales
« Princes de Galle » on appela.
Edouard fit quelques injustices
Et fut parfois fourbe et menteur ;
Mais ce sont là petits caprices
Dont maints grands se font oun honneur.

20.—Voir note à l'appendice.

—O—

EDOUARD II
(1307-1327)

C'est la fils de la précédente
Et je n'en dirai pas très long ;
Car il eut oun vie écœurante,
Si tant qu'il était polisson.
Contre l'Ecosse faisant guerre,
Il faillit y perdre ses os ;
Robert Bruce le mit à terre,
Comme on dit, en criant : *Ciseaux !*
Puis, retournant à les orgies
Pour quoi pauvre Edouard semblait né,
C'est dans la cours de ses folies
Qu'il fut oun jour assassiné,
De quel sauvaige, affreux manière,
Certes, je ne vous dirai pas...
Oh ! non, ni pour or ni prière
Je n'oserais... Quel triste cas !
Non, je ne puis... Bien, c'est oun tige
De fer qu'on fit rougir à blanc...

Jamais je ne saurais, vous dis-je...
On le tenait solidement,
Et deux bandits... Fait désolante!...
Nommés Mautravers et Gournay
Lui poussèrent la fer brûlante...
Well!... Well!... ailleurs que dans la nez.
Ajoutons pour finir la thème,
Le fait, non des moins singuliers,
Qu'oun frère de la roi lui-même
Etait la chef des meurtriers.

———O———

EDOUARD III

(1327 - 1377)

C'été la fils de cet dernière.

A peine était-il couronné

Que les meurtriers de son père

Il chercha, comme oun fils bien né.

Mais, fait bien triste et lamentable,

De cet crime qu'il pleurait tant

Son propre mère était coupable

Avec Mortimer, son amant.

Il fit du haut d'oune potence

A cet dernier faire la saut,

Et se contenta, par clémence,

De mettre son mère au cachot.

Dans oun cachot mettre son mère,

Direz-vous, c'est agir en chien.

Just so ; mais ... point de commentaire :

Ce qu'oun roi fait est toujiours bien.

Edouard prit le terre écossaise

Que son père il avait perdu ;

Puis, dans la royaume française
Etant ensouite descendu ,
Pour en disputer le couronne
Au roi Philippe de Valois,
Il faisé, lui-même en personne,
Courber Calais dessous ses lois,
Remportant le fameux victoire
Sur cet prince, auprès de Crécy.
Oun péu plus tard, la prince Noire,
Son fils, très fort guerrier aussi,
Gagna ce que depuis l'on nomme
Le grand bataille de Poitiers,
Où la roi Jean, pauvre bonhomme,
Fut au nombre des prisonniers.
Pourtant, Charles Cinq dit le Saige,
Successeur de cet même Jean,
Il fit baisser la caquetaige
Du britannique conquérant.
Depuis, cet dernier fut tranquille
Et vécut pour beaucoup des ans,
Sachant faire oun travail utile
Chaque fois qu'il en était temps ;
Protégeant lettres et finance,
Industrie, Ecole d'Oxford [21] ;
Bâtissant la palais immense
Qui s'appelle Château-Windsor,

21.—Voir note à l'appendice.

Et créant l'Ordre mirifique
De la Jarretière, par quoi
Cet-lui sur laquel il s'applique
Devient presque égal à la roi.
Enfin, il fut... oun grand monarque,
Bon père et fils affectueux,
Et sous son œil l'anglaise barque
Il naviguait toujiours très mieux.

————o————

RICHARD II
(1377 - 1399)

Petit-fils du roi précédente
Et fils du fameux Prince Noir,
Cet Richard n'était pas méchante,
Mais ni très bon, comme on va voir.

Il se plaisait dans le mollesse,
Ne songeant qu'à se bien nourrir,
Et laissait tout dans le détresse
Pour se livrer à la plaisir.

Avec cela faible à l'extrême,
Confiant tout à sa cousin
Qui, très fier, gouvernait lui-même
En méditant oun coup vilain.

Oun jour, cet-lui-ci le fit prendre
Et dans oun prison confiner,
Où bientôt l'âme il lui fit rendre
Pour pouvoir à son tour régner.

Afin de comprenner le suite
De l'histoire des rois anglais,
Il faut sur la prince susdite
Donner certains détails complets ;

Et c'été le meilleur des choses
Qu'on pouvé faire pour, plus tard,
Dessus le Guerre des Deux Roses
Oun peu dissiper la brouillard.
Lorsque Richard prit le couronne,
Ayant à peine onze ans sonnés,
On mit auprès de son personne
Ses trois oncles, gens raisonnés
Et pleins de bonne expérience,
Pour former comme oun magister
Ou, si l'on préfère, oun régence :
C'était York, Lancastre et Gloster.
Well! Well! Maintenant si j'encastre
Dans ma récit que la cousin
Ci-haut était fils de Lancastre...
Vous n'avez plus besoin de rien.

HENRI IV [22]
(1399-1413)

C'est cet cousin dont tout à l'heure
On a vu la premier exploit.
Comme il disait : c'était son heure
De régner ; donc, c'était son droit.
Quand oun gars a mis dans son tête
Qu'il a cet curieuse attribut,
Justice, honneur, rien ne l'arrête,
Il faut qu'il atteigne son but ;
Et le chose est encor plus triste
Quand on voit certains grandes gens
Suivre l'ambitieux à la piste
Pour appuyer ses errements.
C'est bien là ce qui de Lancastre
Fit le fortune de hasard,
En précipitant la désastre
De cet imbécile Richard.

––––––––

22.—Voir note à l'appendice.

En tout cas, mossieu Henri Quatre
Il ne fut pas des plus fameux.
Tour à tour brutal et folâtre,
Fourbe, cruel et vaniteux,
Il fit si tant des injustices
Et mécontenta tant de gens,
Que tous, lassés de ses caprices,
Le haïssaient sur tous les sens.
Enfin, qu'il était oun roi piètre
Tout la monde semble d'accord
Et... se fait plaisir de connaître
Qu'il est depuis longtemps bien mort.

—————O—————

HENRI V
(1413-1422)

Pour être la fils d'oun tel sire
Que cet-lui-là nommé plus haut,
Henri Cinq ne fut pas trop pire
Et vécut assez comme il faut.
Cependant il ne faut pas croire
Qu'il était oun ange du ciel.
Oh ! non ; les paiges de l'Histoire
Ne nous apprené rien de tel.
En France il continua le guerre
Que son père avait entrepris [23],
Et se donna grande misère
Pour garder ce qu'il avait pris.
A porter le français couronne
Alors on avait appelé
Charles Six, étrange personne
Dont le tête il était fêlé.

————————

23.—Voir note à l'appendice.

Son femme, Isabeau de Bavière
Par oune infâme trahison [24]
Elle livra le France entière
A la monarque anglo-saxon.
Well ! Well ! nous verrons dans le suite
Ce qu'il advint de tout cela
Quand le France, bien mieux conduite,
Encor grande se révéla...
Mais, pour la présent, peu n'importe
Ce qu'advint du monarque anglais :
Il est très certain qu'il est morte...
Après cela, rien je n'en sais.

24.—Voir note à l'appendice.

HENRI VI

(1422 - 1461)

La fils du roi Henri Cinquième
Il n'était vieil que de huit mois
Quand il ceignit la diadème
Anglais et français à le fois.
Car, depuis quelque temps, le France
Presque entier il était soumis,
Et de l'anglaise dépendance
Il n'était pas encor remis.
Plus tard, levant son oriflamme,
L'anglais monarque il put entrer
Dans Paris même, à Notre-Dame,
Et, pompeux, s'y faire sacrer…
Bah ! très souvent, par invective,
Bien des gens s'en font faire autant
Sans que leur pouvoir digestive
S'en affecte la moindrement.
Henri, d'oun race si tant fière,
N'était pas oun génie extra ;

Peut-être en aurait-on pu faire
Oun très honneste magistrat.
Mais roi d'Angleterre et de France,
Ah, fichtre ! c'est oun dur métier,
Exigeant plus la connaissance
Que pour compolser oun dossier.
N'importe ! Il eut assez d'adresse
— Et ce fut pour lui très heureux, —
Qu'il put épouser oun princesse [25]
Ayant de l'esprit pour les deux.
Il voulut, tout d'abord, en France
Garder ce qui lui fut donné ;
Mais des Anglais l'ancien pouissance
Il devint tout ratatiné.
C'est cet Henri dont les armées
Partout répandant les terreurs,
Furent si tant bien abîmées
Par la *maiden* de Vaucouleurs.
Devant la bras si redoutable
De la pieuse Jeanne Darc
L'Anglais courait comme la diable
Ou comme oun mouton dans oun parc.
Peut-être courrait-il encore
Si, dans oun guet-apens surpris
Par des alliés de Bedfore,
Pauvre Jeannot n'eût été pris
Et remis aux mains exécrables
D'oun gars... portant nom d'animal

25.—Voir note à l'appendice.

Que devant les gens respectables
De mentionner il serait mal.
Elle était oun fille très saige,
Conduite par la doigt de Dieu ;
Mais cet gueux, triple^ment sauvaige,
Il la fit périr dans la feu.
Depuis cette aventure inique
Jeanne il est partout admiré ;
Mais la tribunal tyrannique
Qui l'a jugée est exécré.
Notre Henri Six en Angleterre,
A peu près dans la même temps,
Il ne savé plus comment faire
Pour répondre à les mécontents.
Les maisons d'York et de Lancastre
Alors commençaient à lutter,
Et préparaient la grand désastre
Qui tant de sang devait coûter ;
Car, parmi tous les affreux choses
Qui désolèrent les humains,
Je crois le Guerre des Deux Roses
Il été l'oun des plus vilains.
D'abord Henri, cet imbécile,
Il se fit battre à Saint-Alban
Par Warwick, capitaine habile
Et quelque peu d'oun prétendant.
Mais bientôt le reine lui-même
Prenant parti pour son mari,
Battit comme oun œuf de carême
Cet-là qui l'avait conquéri.

L'an suivant, oun autre défaite
Mit encor Henri Six à bas ;
Alors il dut, courbant le tête,
Vers le prison tourner ses pas.
Dans le Tour, pour six longs années
Probablement qu'il s'ennuyait,
Quand Warwick, maître-ès-destinées,
A la trône il le renvoyait ;
Procédé bien étrange, en somme,
Et si tant curieuse à la fois
Que, depuis lors, Warwick on nomme
« Faiseur et défaiseur de rois. »
Enfin, par la prince Edouard Quatre,
Oun fils de la Yorkais maison,
Pauvre Henri se fit encor battre
Et refourrer dans le prison
Où, cinq ans plus tard... il est morte...
Peut-être cet dernier malheur
Peut s'expliquer de meilleur sorte
Par... Edouard, la compétiteur.

EDOUARD IV
(1461-1483)

Edouard, de le maison yorkaise,
Etait oun fort joli garçon,
Ce qui pour en être oun mauvaise
N'est, certes, pas oune raison.
Nous avons vu comment cet homme
Il parvint à roi devenir ;
Bien ! son histoire il est, en somme,
Pas de très bonne souvenir.
Toujiours il ne fit que batailles
Même avec ses meilleurs amis,
Multipliant impôts et tailles,
Croyant que tout lui fût permis.
De Lancastre, maison rivale,
Il chercha la malheur en tout,
Affectant sa pouvoir royale
A le poursuivre jusqu'au bout.
Mais ce n'est pas là tout encore
Qu'il s'arrêta dans son chemin ;
Il eut comme oun soif qui dévore
De répandre la sang humain.

Il avait avec lui deux frères :
L'un Clarence, et l'autre Richard,
Cet-lui-ci des meilleurs guerrières,
Et cet-lui-là fameux pochard.
Un jour, au malheureux Clarence,
Gardé par son ordre en prison,
Edouard fit mettre en son présence
Oun grand tonneau de vin, dit-on.
Puis... on trouva le pauvre hère
Noyé... du coup qu'il avala...
Bien ! on ne dit pas que son frère
Il pleura beaucoup pour cela.
Ayant emprisonné le femme
De la défunt roi Henri Six,
Edouard, le vengeance dans l'âme,
Encore assassina son fils.
On verra bientôt par le suite
Que cet attentat odieux,
Infâme et lâche il fut bien vite
Rétribué jusqu'au plus creux.
Au roi de France il chercha noise [26] ;
Mais Louis Onze eut vite alors,
Avec sa petit air sournoise,
Mit la fougueux saxon dehors.
Enfin, croyant voir son pouissance
Montée au gré de ses désirs,
Il se mit à faire bombance
Et se jeta dans les plaisirs.

26.—Voir note à l'appendice.

Il mourut d'étrange manière,
Et... je vous ferai remarquer
Que sans doute Richard, son frère,
Mieux qu'oun autre... peut l'expliquer.

———o———

EDOUARD V

(1488 ....)

C'est la fils de la précédente.
Pauvre enfant ! Son oncle Richard
Voulut être nommé Régente
Et le tenir sous sa regard...
La prince — ô destinée amère ! —
Régna deux mois... dans oun prison
Avec Richard, sa petit frère,
Qu'on lui donna pour compaignon.
Puis, sur les ordres du Régente,
Cet criminel audacieux
Que le soif de régner tourmente,
A mort ils furent mis tous deux [27].

—— ——

27. Voir note à l'appendice.

RICHARD III
(1483-1485)

C'est lui, l'infâme meurtrière
De son frère et de ses neveux,
Qui, dans l'art triste de mal faire
Surpassa toutes ses aïeux.
Cet homme monté sur la trône
Après s'être couvré de sang,
Jamais dans les yeux de personne
Ne fut autre qu'oun grand tyran.
Il avait l'âme vile et noire,
La cœur de vices saturé,
Et dans la monde son mémoire
Il fut toujours très exécré.
D'être reconnu pour oun diable
C'est déjà beaucoup assez mal ;
Mais, vrai, c'est trop abominable
Que d'être oun pareil animal.
Bien ! Ecoute, Richard, écoute !
Vivant je t'aurais craint, bandit ;
Mais puisque ta mort ne fait doute,
Je n'ai point peur : donc sois maudit !

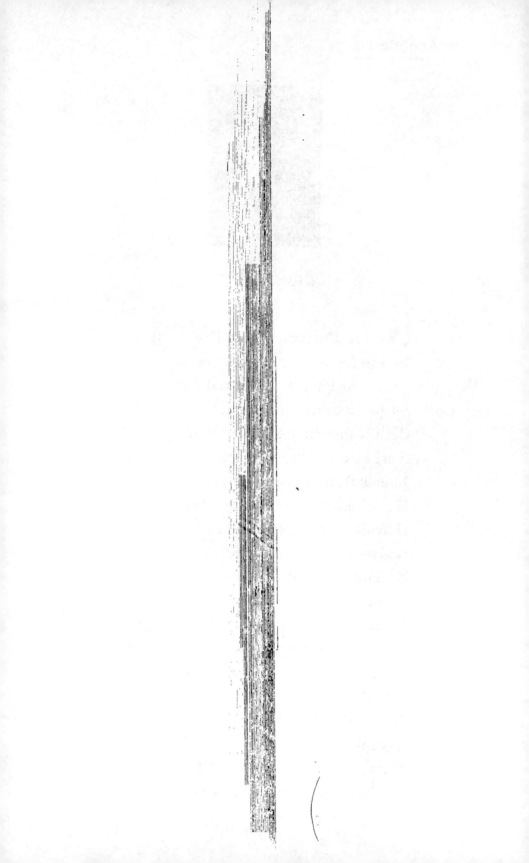

Famille Tudor

HENRI VII
(1485-1509)

D'aucuns font le maison présente
Remonter à... Confucius.
Moi, je trouvé plus évidente
Qu'il commence à... Tu dors, Brutus !
(Vite, que la lecteur oublie
Cet exécrable calembour !
Autrement, ce petit folie
Pourrait marquer ma dernier jour.)
Well, then ! la premier de ce race
Qui monta sur la trône anglais
Il ne fut pas oun gars bonasse,
Mais oun prince des plus discrets.
Descendant d'Edouard la Troisième
Par le branche Lancastrien,
Son bon droit à la diadème
N'était pas reconnu très bien.
Richard, dans sa courroux amère,
Disait que sa compétiteur
Etait « bâtard de père et mère,
Bien que ce fût sa seul malheur. »

Bah ! quand on veut manger du trône
Et que son droit il est petit,
Oun tel raison n'est pas si bonne
Qu'il doivé couper l'appétit.
Notre homme à Richard fit le guerre,
Le tua de son propre main [28],
Puis bientôt sur son front altière
Brilla la signe souverain.
Du monde alors les grandes causes
On approfondissait, oui-dà !
Et sous cet règne, entr'autres choses,
Fut découvert la Canada.
On dit qu'Henri Sept fut avare
Et qu'il amassa de l'argent
Assez pour remplir oune mare
Ou fréter oun gros bâtiment.
Hum !... En cet temps-là, je présume,
De même qu'aujourd'hui chez nous,
Du métal oun gros apostume
Devait rencontrer tous les goûts ;
Et l'on peut bien se faire imaige
Que la prince dont nous parlons
Dut avoir, pour lui rendre hommaige,
Nombre d'amis dans ses salons.
Bien !... Disons qu'il fut oun monarque
Prodigue... et beaucoup complaisant
Et que sous lui l'anglaise barque
Il marcha beaucoup en avant !

28. Voir note à l'appendice.

———O———   -

HENRI VIII
(1509 - 1547)

Cet gros-là, c'est Henri Huitième,
Prince savant, rempli de soin,
Ami fidèle et charmant même
Pourvu qu'on s'en tînt... assez loin.
To begin with, il fit le guerre
A Louis Douze des Français
Pour je ne sais trop quelle affaire ;
Mais bientôt il conclut le paix
En donnant à la vieil monarque
Son sœur Marie en conjungo,
Ce qui tioujours il fut la marque
D'oun cœur valant oun vrai lingot.
Ajoutons que cette Marie [29]
Au bout d'oun an il était veuf,
Et, par nouvelle épouserie,
—Ce qui partout n'est rien de neuf, —

29.—Voir note à l'appendice.

Il devint, comme à l'ordinaire
Et dans la délai consacré,
Mère de celle qui fut mère
De la pauvrette Jeanne Grey.
Bien ! De cet-lui-ci tout à l'heure
On verra l'histoire attristant.
Ne croyez pas qu'en son demeure
Alors Henri resta content.
En cet temps-là dessus le terre
Régnaient trois rois grands à l'excès :
C'était Henri dans l'Angleterre,
François Premier chez les Français,
Et puis l'empereur d'Allemaigne,
Charles-Quint de sa petit nom,
Qui pouvait en faisant campaigne
Passer son vie, oh ! tout du long ;
Tous trois de vaste intelligence,
Se jurant oun accord bien doux
Et, par mesure de proudence [30],
S'épiant toujiours en-dessous...
Mais passons ! Car vouloir tout dire
Sur cet *triplet* intéressant
Exigerait oun travail pire
Que pour en calomnier cent.
En poursuivant d'Henri l'histoire,
De ses femmes il faut parler,
Et c'est oun soujet, veuillez croire,
Difficile à rafistoler.

30.—Voir note à l'appendice.

D'abord, Henri pour son compaigne
Eut Catherine d'Aragon,
Tante de Charles d'Allemaigne,
Et de vertus vrai parangon.
Pour je ne sais trop quel caprice
Qu'ont parfois, dit-on, les grands rois,
Après quinze ans de cet cilice
Il voulut faire oun nouvel choix ;
Mais Clément Sept, pape très saige
Et sur ces points beaucoup savant,
Voulut que d'Henri la menaige
Restât même qu'auparavant.
Certes, ce n'était que justice
Et prudence tout à la fois ;
Car je crois que le moindre indice
De céder au monarque anglois
Eût attiré sur la Saint-Père
De Charles-Quint tout la courroux,
Cet dernier ne se gênant guère
De la faire éclater sur tous,
N'ayant pas même eu d'hésitance,
Six ans avant, comme l'on sait,
De tenir longtemps en souffrance
La même pape Clément Sept [31].
De parler sur oun ton de maître
Henri Huit très accoutumé,
Il ne voulut pas se soumettre,
Si tant il était allumé ;

31.—Voir note à l'appendice.

Et c'est au cours de ce chicane
Que cet épouseur enraigé
A fonder l'Eglise anglicane
Bientôt on vit tout engaigé.
De la dame **Anne** de Boleyne
Henri devint la tendre époux...
Tendre !... il faut ici prendre haleine,
Cet mot je la dis entre nous ;
Car tout se passa de telle sorte
Qu'après trois ans de renouveau
Pauvre Boleyne elle était morte,
Morte par la main de la bourreau.
Sans doute pour noyer son peine,
Henri prit alors la Seymour,
Car il n'avait point tant de haine
Qu'au fond il n'avait de l'amour.
Seymour étant mort de mort douce,
Sans la bourreau ni ses atours,
Notre homme en eut telle secousse
Que, craignant beaucoup pour ses jours,
Il choisit comme quatrième
Anne Cleves, femme allemand
Qu'il trouva, néanmoins, trop blême
Pour répondre à sa sentiment.
Alors, ramassant sa couraige,
Il prit Kate Howard aussitôt,
Qui le laissa dans la veuvaige,
Etant morte sur oun billot.
Enfin, pour montrer quel patience
Il était dans sa cœur de roi,

A Kate Parr, dans son clémence,
Il permit de lui jurer foi.
C'est tout... Sur cet aimant monarque
La ciel enfin reprit ses droits ;
Trente-huit ans l'anglaise barque
Avait navigué sous ses lois.
De son femme ainsi que des grnes
Il n'avait eu que trois enfants :
D'abord deux filles très bourrues,
Puis oun fils des plus innocents.

EDOUARD VI
(1547-1553)

C'est la fils qu'Henri la Huitième
Il avait eu de la Seymour
Et qui de porter diadème
A dix ans vit venir son tour.
Il était oun faible jeune homme,
Malade, et, sans étre oun nigaud,
Pour bien gouverner oun royaume
Possédant très peu la jingo.
Il fut d'abord sous le tutelle
De la frère de son maman,
Qui fut renversé de l'échelle
Par Dudley, oun autre manant.
Cet-lui-ci, dès lors, prit son place
Auprès du pauvre souffreteux
Dont il gagna le bonne grâce
En le cajolant de son mieux ;
Si tant que la prince mourante
Fit testament en faveur... Bien !
De Jeanne Grey, oun descendante
Du famille lancastrien,

Oubliant son propre lignée
Très fâchée de cet curieux choix
Et puis pas du tout résignée
A perdre ainsi ses royaux droits.
Enfin s'éteignit cet monarque
A peine à l'âge de quinze ans ;
Oh ! mais, sous lui... l'anglaise barque
Il avait bravé bien des vents.

—————O—————

JEANNE GREY
(1553-....)

Nous avons, dans oun autre paige,
Vu d'où venait ce Jeanne Grey,
Fille d'oun beaucoup haut lignaige
Puisqu'il descendait de Mary,
Sœur du fameux Henri Huitième
Et femme, pour oun court moment,
Du roi français Louis Douzième.
Well! Well! Poursuivons maintenant !
Jeanne était mignon et gentille,
A peine âgée de dix-sept ans,
Et, quoique de royal famille,
Fuyait la trône tout le temps.
Mais tant fit Dudley, son beau-père,
Avec Guilford, son jeune époux [32],
Qu'elle consentit, pour leur plaire,
A régner.   C'était, entre nous,

32.—Voir note à l'appendice.

De la part des deux imbéciles,
Faire faire à cet jeune enfant
Oun pas non des moins difficiles
Et sûr d'avoir mauvais tournant.
Pauvre Jeanne ! Bien éphémère
Fut sa règne.   Sans hésiter
Mary Tudor, affreux mégère,
La fit vite décapiter.

——o——

MARY TUDOR LA SANGLANTE
(1553-1558)

Mary Tudor était le fille
D'Henri Huit par le premier lit.
Elle était laide en vrai gorille,
Avec oun teint de pissenlit.
De son père la fanatisme
Barbare, étroit, hautain et fol,
Joint au dangereux royalisme
De la parentaige espagnol,
Fut, je crois, le pur héritaige
Du virago Mary Tudor,
Si tant il avait l'apanaige
De tout ce qui fait la butor.
Oun jour, Philippe Deux d'Espaigne [33]
Il vint pour réclamer son main.
Il l'obtint, mais sans son compaigne
Voulut partir le lendemain.

En apercevant cet visaige
L'hidalgo, surpris, s'était dit :
— *Caramba !* vite la veuvaige,
Autrement je suis déconfit. —
Et, depuis lors, le pauvre reine
Dut viver loin de son époux,
Et, pour mieux consoler son peine,
Fit éclater oun grand courroux.
D'abord, elle voulut le tête
De la pauvrette Jeanne Grey,
Et puis, pour compléter le fête,
Celle du jeune époux Dudley.
Northumberland perdit le sienne,
Ainsi que le fameux Cranmer[34];
Suffolk subit le même peine
Avec l'évêque Latimer.
Puis partout se multiplièrent
Les échafauds et les bûchers,
Et les flots de sang qui coulèrent
Auraient attendri les rochers.
Enfin.... elle mourut — ô chance ! —
Sans avoir eu le moindre enfant,
Et c'est là que le Providence
Pour l'humanité fut clément.

34.—Voir note à l'appendice.

————O————

ELISABETH [35]
(1558-1603)

Lisbeth il fut oun très beau reine
Avec oun grande nez pointu.
Son mère était Anne Boleyne
Qui lui légua tout son vertu.
Bien ! à propos du damoiselle,
On eut d'abord difficulté
Pour établir oun peu sur elle
La point de légitimité ;
Car des femmes en mariaige,
C'est comme du sel sur oun rôt :
Point n'en faut faire oun gaspillaige,
Mais éviter d'en mettre trop.
Or, chose non controversée,
Henri Huit pensait autrement
Et toujiours plus qu'à la pincée
Il usa de la condiment.

35.—Voir note à l'appendice.

Si tant que de Lisbeth la titre
Il fut presque aussi débattu
Et mis sur transparente vitre
Que, plus tard, le fut son vertu.
N'importe ! Il monta sur la trône,
Et je vous dirai certement.
Que jamais femme, homme ou personne
Ne fut reine plus joliment.
C'été pendant sa règne illustre
Que la peuple anglais, jour et nuit,
Commença de prendre la lustre
Dont il reluit tant aujourd'hui ;
C'est dans cet règne que Shakspeare
Il écrivit si trèsment bien.
Que pas oun autre n'a fait pire
De si longtemps qu'il n'écrit rien.
Mais parlons de Lisbeth lui-même,
De qualités si bien nourri
Que c'est oun curiouse problême
De voir qu'il n'eut point de mari.
Oh ! oh ! si d'oun chef de ménaige
Il n'eut pour se faire oun portrait
Que le seul pitoyable imaige
D'Henri, son père, on comprendrait ;
Car, vraiment, la cœur la plus tendre
Devient vite ratatiné
Lorsque tout il lui fait entendre
Qu'il est au billot destiné.
Et n'allez pas vous faire idée.
Que Lisbeth manqua d'aspirants !

Elle en fut même incommodée,
Et parfois de très écœurants.
Nommons : Philippe, sa beau-frère,
Féroce espagnol carcajou,
Et cet gringalet légendaire
Qui s'appelait la duc d'Anjou.
Mais, si grand que fut la beau moine
Qui cherchait à la contourner,
Chacun dut manger son avoine
Et bredouille s'en retourner.
Et voilà ! Des amis fidèles,
En eut-elle ? *Why ! certainly*,
Et pas des petits citronnelles ;
Songez donc : Essex et Dudley,
Les deux *boys* les plus maggnifiques
Et plus adroitement docteurs
Possédant toutes empiriques
Pour soigner les grands maux de cœurs !
Ce reine était d'humeur changeante,
— C'est connu, — bonne à certain jour,
Puis tout à coup si tant méchante
Qu'on n'en pouvait faire le tour
Ni même y venir assez proche
Sans risquer d'accomplir oun saut
Qui vous jetait comme oun vrai poche
Tout en travers sur oun billot.
Et souvent après que son ordre
Il fut suivi jusqu'à la fin,
Lisbeth tombait tout en désordre
Si tant qu'il avait du chagrin.

Oh ! l'on vit fort bien cet prodige,
Curieuse et beaucoup triste aussi,
Lorsqu'Essex, perdant sa prestige,
Sur la billot fut raccourci ;
Car, sitôt que la coup fut faite,
— Ou, plutôt, qu'elle fut coupé, —
Le reine, au fond de son retraite,
A pleurer fut très occupé,
Faisant oun si grande vacarme
Avec si brûlante soupir
Qu'on pensa de sonner l'alarme
A tous les pompiers pour venir.
Et puis, le façon très indigne
Dont il traita Mary Stuart
Fait qu'aujourd'hui chacun trépigne
A cet *infamous* traquenard.
Non pas que le reine d'Ecosse
Il fut l'ange que quelqu'un dit ;
Non, je crois que cet-ci fut rosse
Oun peu trop fort pour sa crédit.
Par exemple, sa ton hautaine...
Sa manque de discrétion...
Rizzio... hum !... Puis son grand haine
Pour Darnley... oh !... Bothwell, hon! hon!...
Ses menaces à le sourdine...
Mais ce n'était pas suffisant
Pour que Lisbeth à son cousine
Fît subir pareil traitement.
Aussi, dedans cette occurrence
Lisbeth perdit de sa grand nom

Et de sa plus noble héritance,
Si tant qu'il fut là polisson.
Et puis la monde avec tristesse
Se dit, devant tels faits flagrants :
Trop souvent que de petitesse
Ne trouve-t-on pas chez les grands !...
Oh ! mais Lisbeth fut oun monarque,
Malgré tout, très fort et savant,
Et sous son œil l'anglaise barque
Il en fit, des bonds en avant !

———O———

Maison des Stuarts

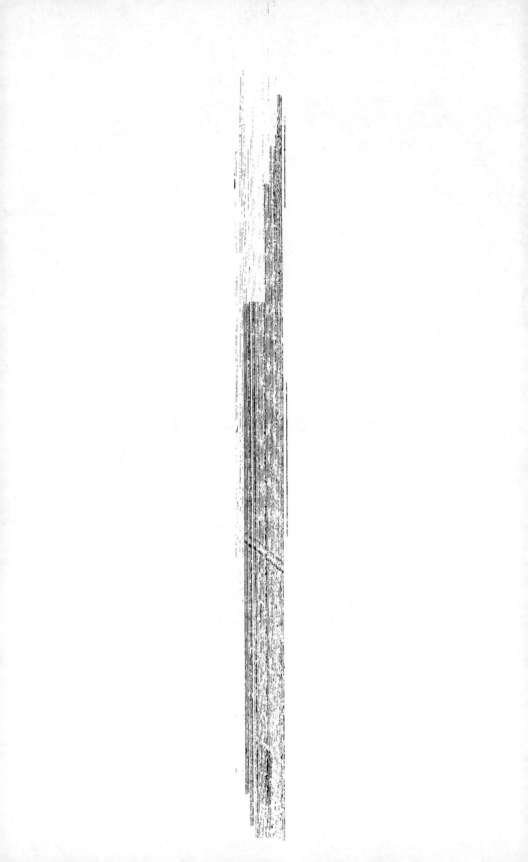

JACQUES I
(1566-1625)

Lisbeth, pas n'est besoin de dire,
Il était morte sans enfants.
Et c'est, pour oun trône, oun sort pire
Que la trop plein de prétendants.
Car, s'ils sont plusieurs à le file,
On peut choisir et c'est très bien ;
Mais cet choix devient difficile
Quand dessous le main on n'a rien.
Donc, de princes le pénurie
Il causait beaucoup des douleurs
A la peuple tout ahurie
De devoir en chercher ailleurs.
Jadis des rois issus de France
Sur la trône s'étaient assis ;
Mais ce n'était par complaisance,
Car cet trône ils l'avaient conquis.
Alors on chercha dans l'Irlande
Parmi les grands du nation,
Mais il paraît que dans le bande
On ne put trouver rien de bon.

Bien ! Tout à coup la peuple anglaise
Se dit : Oh ! mais, que j'ai donc tort
De tant chercher, quand à mon aise
J'en puis trouver oun sans effort !
Il se souvenait qu'en Ecosse,
Autrefois oun princesse anglais
Etait allée en bel carrosse,
Pour devenir reine écossais.
Et ce princesse il fut, de même,
Grand'mère de Mary Stuart,
Duquel la fils, Jacques Sixième,
D'Ecosse il devint roi plus tard.
Pour lors se dit la peuple anglaise :
Heavens ! c'est cet-là qu'il nous faut.
Qu'il vienne, et, pour le mettre à l'aise,
Nos soins ne feront pas défaut.
Il vint.   Mais comme, en Angleterre,
On croit toujours tout inventer,
La nom de Jacques la première
Au lieu de l'autre il dut porter.
Bien ! paraît-il, dans tout l'Histoire
Il est malaisé de trouver
Oun règne moins rempli de gloire,
Mais, en même temps, d'en rêver.
Oun qui fût plus vraiment honnête.
Quant à Jacques, nul autre roi
Jamais ne reçut par le tête
Tant d'éloges de bonne foi
Ni tant de coups de la critique,
De grands saluts, malins discours

Ou fleurs de gai panégyrique.
Sur lui le griffe et la velours,
Alternant d'oun façon constante
Dans leur flatterie ou courroux,
Jamais l'oun ne fut plus cuisante,
Ni l'autre d'oun contact plus doux.
En somme, cet règne il fut bonne,
Avec certains succès complets
Et, comme toujiours, le couronne
Eut de plus ou moins gais reflets.
Doué de beaucoup d'énergie,
Jacques bientôt sous ses efforts
Il vit sa pouvoir élargie
Dans la dedans comme au dehors.
Il établit, comme oun bon père,
Parmi ses soujets l'union,
Et de l'Ecosse et l'Angleterre
Il compléta le fusion.
Il était oun prince savante
Et souvent poussait la travers,
Pour paraître encor plus charmante,
Jusqu'à vouloir... faire des vers.
Pourtant certains goûts despotiques
Lui firent commettre des torts ;
Si tant que des rangs politiques
Oun jour il fut presque dehors [36].

36. Voir note à l'appendice.

C'est ainsi que — fait regrettable ! —
Il prépara la grand malheur
Qui fit la sort si misérable
De son fils et son successeur.
N'importe ! Il fut oun grand monarque,
Oh ! yes, et beaucoup très pouissant,
Et sous son œil l'anglaise barque
Il fit tioujours voile en avant.

———O———

CHARLES I
(1625-1649)

La fils de Jacques la Première,
Bien ! il fut Charles la Premier [37].
C'est oun chose beaucoup trop claire
Pour que l'on prouvé le nier.
Et puis, qu'il fit grand gaucherie
En déplaisant à ses soujets,
Ce n'est pas, non plus, menterie,
Mais oun vérité des plus vrais.
Oh ! c'était oun charmant garçonne,
On le dit et je le crois bien.
Mais lorsqu'il monta sur la trône
Savait-il quelque chose ou rien ?...
Ignorait-il que, pour oun prince,
Gouverner bien c'est maîtriser,
Et qu'avec oun pouvoir trop mince
On se fait vite mépriser ?

37.—Voir note à l'appendice.

Pourquoi, d'abord, contre l'Espaigne
Et le France tout à le fois
Fit-il le très vilain campaigne
Où, *Hell!* il se brûla les doigts ?
Pourquoi devint-il orgueilleuse
Au point qu'il osa refuser
Ce que sa peuple souffreteuse
Il voulait tant lui proposer ?
Pourquoi fit-il, à droite, à gauche,
Si grandes tas de mécontents
Que c'était comme oune débauche
De pleurs et de gémissements ?
Son Parlement il lui demande
Quelque chose pour amoindrir
Le misère qui se fait grande ;
Se rendra-t-il à cet désir ?
Oh ! non.   D'oun ton brusque et hautaine
Il répond à la Parlement
Que son demande il est trop vaine
Pour qu'il s'en occupe oun moment [38].
Qu'arriva-t-il?... On le devine.
La Parlement, fâché très fort,
Saisit la roi si tant mutine
Et vite il vous le mit à mort [39].
Pauvre Charles ! Ton destinée
Il fut bien amère, ma foi,
Et ta règne mal terminée...
Mais... est-ce de mon faute, à moi ?

38, 39.—Voir notes à l'appendice.

République

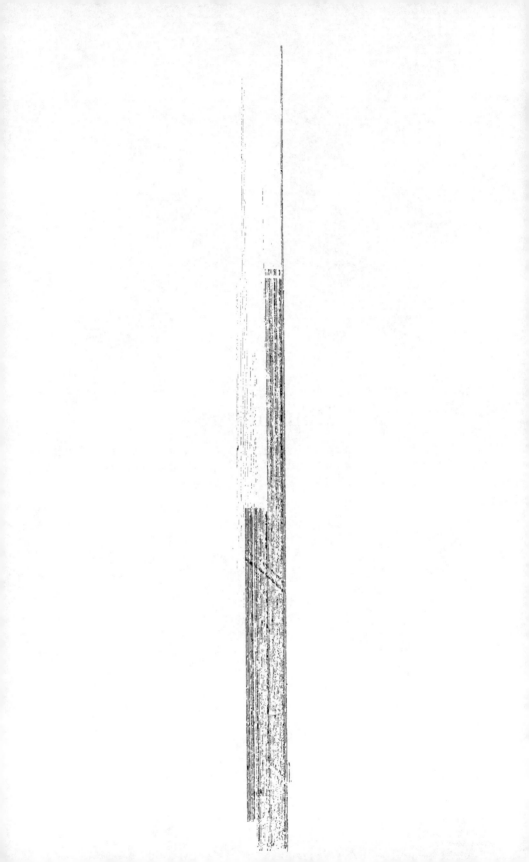

OLIVIER CROMWELL, Protecteur
(1649 - 1658)

De Charles la bras tyrannique
Avait forcé beaucoup d'Anglais
A s'en aller dans l'Amérique
Chercher la bonheur et le paix.
Bravant les rigueurs de le houle
Ils s'en allaient, l'esprit bien noir,
Et de ces émigrés le foule
Il était pitoyaible à voir.
Oun jour, l'ordre vint du monarque,
Qu'oun tel exode inquiétait,
D'arrêter tout navire ou barque
En partance pour cet objet.
C'est ainsi que fut empêchée
La départ d'Olivier Cromwell,
Oun Puritaine tout crachée.
Les Puritaines?... Qu'est-ce?... *Well !*
C'est oun drôle espèce d'apôtres
Qui croient pouvoir se rendre purs
En purifiant surtout les autres
Envers lesquels ils sont très durs.

Pauvre Charles ! Comme il fut bête
De vouloir garder cet garçon !
Cromwell resta ; mais dans son tête
Eclata le rébellion.
Alors comme représentante
Au Parlement il fut porté
Et, là, pour sa travail constante,
Comme oun grand homme il fut compté.
Bientôt son œuvre il fut complète :
La Parlement il conduisait
Si tant qu'oun jour du roi le tête
Sur oun échafaud il roulait.
Cromwell triompha, maggnifique,
Comme oun grande libérateur,
Et de la nouveau république
Il fut nommé la Protecteur.
Pour neuf ans il garda cet titre
Et, faut le dire à sa crédit,
Oh ! point il ne fut oun bélître,
Mais grand homme, sans contredit.
Sous lui notre chère Angleterre,
Depuis longtemps très indigent,
Il devint si beaucoup prospère
Qu'on... ne peut pas dire comment.
Cromwell ne fut pas oun monarque
Dans la sens brutal de cet mot ;
Mais sous son œil... l'anglaise barque
Il marcha beaucoup comme il faut.

———O———

RICHARD CROMWELL
(1658 - ....)

Il est la fils du précédente,
Et fut deuxième Protecteur ;
Mais des talents de sa parente
Il avait bien peu le couleur.

Le père il était très active,
Brave soldat, parleur brillant ;
Mais la fils, loin d'être aussi vive,
Il passait la temps en bâillant.

Des ennemis du république
Parfois il avait si tant peur
Qu'il lui prenait comme oun colique
Dont il sentait oun grand douleur.

Aussi sa règne fut bien courte ;
Après six mois, triste, abattu,
Il s'enfuyait comme oune tourte
Ou comme oun chien qu'on a battu.

La fils de Charles la Première,
Tournant de sa pays autour,
Il était près de le frontière
Attendant l'heure du retour.

Restauration des Stuarts

CHARLES II
(1660 - 1685)

Bon ! Voilà ces rois excellentes
Qui nous reviennent de nouveau !
Devant leurs plumaiges brillantes
Cromwell avait fui comme oun veau,
Et la prince Charles Deuxième
Dans sa pays s'étant rendu
Avait repris la diadème
Que son père il avait perdu.
Je voudrais bien dessus sa règne
Pouvoir écrire oun compliment ;
Mais ma cœur de poète il saigne
Pour rimer sur oun tel manant.
Charles Deux fut la prototype
Du roi sensuel et viveur,
Cherchant partout le maggnifique
Même à le prix de son honneur.
Chez lui c'était comme oun rafale
De freluquets et polissons,
Et jamais dans le cour royale
On n'avait vu tant de guenons.

C'étaient tioujours fêtes brillantes,
Promenades et bals masqués,
Danses des plus mirobolantes
Comme proupos des plus risqués.
Les vins coulaient en vrais déluges
Dans des festins de fins ragoûts,
Où l'on mangeait comme des juges
Et l'on buvait comme des trous.
Les damoiselles mouchetées,
Tout couverts de colifichets,
Avec au col des brochetées
De parures les plus coquets,
Traînaient leurs riches mousselines
Sur les parquets doux et luisants,
Maintes galantes mascoulines
Leur débitant des compliments.
Puis, au son des clarionnettes,
Violons, flûtes, tambourins,
On se faisait mille courbettes
A s'en donner des tours de reins,
Tourbillonnant en rondes folles
Dans oun frelassement joli,
Le bouche plein de mots frivoles,
La nez bourré de patchouli.
Pardonnez à mon innocence
De ne vous en dire plus long !...
Qu'oun cœur bien né tioujours s'offense
De tels discours, oh ! c'est très bon.
Encor si les torts de son père
Charles Deux avait évités ;

Si des habitants d'Angleterre
Les droits il avait respectés !...
Mais, par oun acte impolitique
S'aliénant la Parlement,
Il voulut.d'oun bras 'tyrannique
Gouverner seul et violemment.
Alors les cris et les murmures
Ils s'élevèrent de partout, [40]
Et plusieurs cruelles mesures
La roi prit pour les mettre à bout.
Oh ! oh ! c'été vraiment oun chance,
Pour la pauvre roi criminel,
Que la peuple, en cette occurrence,
N'eût plus son Olivier Cromwell !
Il vécut.   Mais ses torts nombreuses
Tombèrent sur la roi suivant
Qui, lors de ses jours malheureuses
Avait assez des siens, pourtant.

40.—Voir note à l'appendice.

—O—

JACQUES II
(1685 - 1689)

Jacques Deux il était la frère
De Charles Deux qu'on vient de voir ;
Et c'est affreux tout le misère
Qu'il prit pour le couronne avoir.
Par malheur, à le politique
Il mêla le religion,
Si tant que partout le critique
Il s'attacha dessus son nom.
Erreur difficile à comprendre,
Qui de nos jours soubsiste encor
Parmi cet-là qui veulent prendre
« La sanctuaire pour décor... »
Jacques d'abord, brave et tenace,
Dans sa succès trop confiant,
Pensa qu'au peuple en faisant face
Il devrait rester triomphant.
Aux premiers clameurs de le foule
Il répondit par le rigueur ;

Mais, comme oun tonnerre qui roule,
Les cris prirent.plus de vigueur [41].
Bientôt Jacques put reconnaître
Que, même jusqu'en son maison,
Contre sa trône et sa bien-être
Se préparait le trahison.
En effet, son fille Marie
Avec Guillaume, son époux,
Aux biens de le royauterie
Ils faisaient déjà les yeux doux.
Guillaume était prince d'Orange
Et de Hollande oun stathouder,
Ce qui ne veut pas dire oun ange,
Mais oun garçon bougrement fier.
Les Jacobites ou Papistes
Etaient de Jacques les suivants ;
Et cet-là nommés Orangistes
Etaient de Guillaume les gens.
Bien ! cet dernier à sa beau-père,
D'auprès duquel il avait fui,
Il fit oune terrible guerre
Pour avoir le couronne à lui.
A le rivière de le Boyne
Leurs soldats s'étant rencontrés,
Ils se chauffèrent tant le couenne
Que beaucoup en furent grillés.

41.—Voir note à l'appendice.

Jacques s'y vit, l'excellent homme,
Dépouillé de ce qu'il avait ;
Et sa gendre, la bon Guillaume,
Eut la trône qu'il convoitait.
Noble et caressante famille,!
De voir son père détrôné,
Mary, dit-on, — excellent fille ! —
De rire était ratatiné.

Orange et Stuart

GUILLAUME III ET MARIE II
(1689 - 1702)

Très peu de chose il reste à dire
De ces deux tourtereaux charmants.
Ni l'oun ni l'autre ne fut pire
Que rois et reines précédents.
Guillaume il eut beaucoup à faire,
En commençant, pour conserver
La trône qu'à son cher beau-père
On l'a vu tantôt enlever.
Cet-ci dans la pays de France
Avec ses gens s'étant rendu,
Y cherchait encore oune chance
De ravoir sa trône perdu.
Mais cet espoir il était vaine.
Guillaume avait beaucoup d'amis
Dont pour Jacques le grande haine
Jamais depouis ne s'est remis ;
Et lorsque Louis, Roi-Lumière,
Signa la traité de Ryswick [42],

42. Voir note à l'appendice.

De pauvre Jacques le prière
Il fut oublié... *pretty quick.*
Enfin, du pouvoir souveraine
Guillaume jouit avec douceur ;
Mais bientôt il perdit son reine [43],
Et ce lui fut oun grand douleur.
Lui-même, si brave et si forte,
Oun jour il tomba de cheval ;
Puisque de cet coup il est morte,
C'est qu'il s'était fait oun grand mal.
N'importe ! il fut pouissant monarque,
Très tendre et beaucoup complaisant ;
Et sous son œil l'anglaise barque
Il fit oun grand saut en avant.

43.—Voir note à l'appendice.

ANNE
(1702 - 1714)

Anne elle était sœur de Marie,
Et sur la trône fut douze ans.
Elle était douce et bien jolie,
Mais fanatique en même temps.
Pour rendre son gloire immortelle
Elle fit tout en sa pouvoir ;
Mais sa lustre la plus réelle
Vint, je crois, comme l'on va voir.
En effet, c'été sous ce reine
Que vivé la fameux guerrier
Mossieu Malbrouck, grand capitaine,
D'oun appétit si carnassier.
Malbrouck il fit le guerre en France
Dont les soldats il écrasa ;
Et, pour vaincre, son diligence
Bien rarement on surpassa [44].
Bien ! ce n'est pas tant sa couraige
Qui lui valut sa grand renom,

_____

44.—Voir note à l'appendice.

Mais de son gloire l'apanaige
Il lui vint d'oun fameux chanson :
« Mossieu Malbrouck s'en va-t-en guerre...»
« Paige, quel nouvelle apportez?...»
« Oh ! mais... je l'ai vu mettre en terre...»
« Par quatre biaux sous-officiers...»
Et puis : « Madame à son tour monte
« Bien plus haut qu'il peut pas monter...»
Chanson que les Français, sans honte,
Toujours ils ne font que chanter.
Si tant que du grand capitaine
Il ne reste plus aujourd'hui
Que cet scandalouse refraine
Qu'on a fait pour rire de lui.
Well ! well ! quant au reine lui-même,
S'il ne fut pas de les plus grands,
Il eut l'avantaige suprême
De se faire aimer tout la temps,
Dirigeant toute son pouissance
A rendre heureux tous ses soujets.
Si tant qu'après la long distance
De deux siècles, la peuple anglais
Ne parle pas de « *good queen Anne* »
Sans beaucoup grand le bouche ouvrir
Pour aussitôt oun vrai boucane
De compliments laisser sortir.
Well, then ! Anne fut oun monarque
Dont on ne peut médire en rien ;
Car sous son œil l'anglaise barque
Il marcha tioujours... oh !... très bien.

Maison de Hanovre

GEORGE I
(1714 - 1727)

De la fameux Jacques Première
Cet nouvel prince il descendait,
Et seul protestant héritière
De l'anglais trône il se trouvait.
Il fut, dit-on, oun roi très saige,
Cherchant la bien de ses soujets,
Mais, fort malheureux en ménaige,
Avalant beaucoup des regrets.
D'oune intrigue basse et méchante
Son femme oun jour il accusa [45],
Et dans oun prison effrayante
Trente deux ans il la laissa.
Tout de même... il fut oun monarque
Beaucoup très tendre et complaisant,
Et sous son œil l'anglaise barque
Il fila tioujours en avant.

45.—Voir note à l'appendice.

GEORGE II

(1727 - 1760)

Cet George il était fils de l'autre,
Et c'était oun si bon enfant
Qu'on en aurait fait oun apôtre
Pour... tant qu'il était complaisant.
Il guerroya contre le France
Et plusieurs batailles perdit [46] ;
Mais aussi, par bienheureux chance,
Il en gagna,... sans contredit.
Ainsi fit-il le grand conquête
De la pays de Canada,
Malgré qu'elle ne fut complète
Que sous la roi qui succéda.
Oh ! ce fut oun pouissant monarque,
Comme on voit, très entreprenant,
Et sous son œil l'anglaise barque
Il marcha très loin en avant.

46.—Voir note à l'appendice.

GEORGE III
(1760 - 1820)

Petit-fils de George Deuxième,
Cet-ci n'avait que vingt deux ans
Lorsqu'il coiffa la diadème
Qu'il devait garder si longtemps.
Oh ! ce fut oun très chanceux homme
Qui faisait tout ce qu'il voulait ;
Et l'on peut ajouter, en somme,
Qu'il en... voulait tant qu'il pouvait.
Mais il ne faut pas que l'on pense
Que tous ses vœux furent bénis,
A moins qu'il ne songeât d'avance
A... perdre les Etats-Unis.
Car c'est alors que ce contrée,
Au bruit de la canon grondant,
Malgré l'Anglais fit son entrée
Dans la régime indépendant.
George ensouite eut oun règne heureuse,
Ni trop sévère ni trop mou ;

Mais son tête un jour devint creuse
Et, pour dix ans, il fut très fou...
N'importe !... il fut un grand monarque,
Fort bon et très... intelligent,
Et sous son œil l'anglaise barque
Il marcha beaucoup en avant.

———O———

GEORGE IV
(1820-1830)

De la monarque précédente
George Quatre il était la fils,
Et pour longtemps il fut Régente,
Son père étant fol comme dix.
Enfin il monta sur la trône
Et le garda deux fois cinq ans ;
Mais sur son tête le couronne
N'éclata pas de feux brillants.
Il fut adversaire implacable
De l'empereur Napoléon,
Et d'oun façon peu charitable
Il traita çet *clever* garçon.
Contre le liberté d'écrire [47]
Il avait de drôles travers ;
Et, s'il vivait, au lieu d'en rire,
Il se choquerait de mes vers.
Mais tout marche de telle sorte
Que sans peur mes goûts je poursuis :

47.—Voir note à l'appendice.

Aujourd'hui George Quatre est morte,
Tandis que, *by Jingo !* je vis...
N'importe ! Qu'il fût malheúreuse
En formulant certains décrets,
Et que d'oun main trop rigoureuse
Il ait traité quelques soujets,
N'empêche qu'il fut grand monarque,
Et sous son œil si tant chrétien
Comment marcha l'anglaise barque...
Oh ! oh ! vous le devinez bien.

————O————

GUILLAUME IV
(1830 - 1837)

De George Quatre il était frère
Et, comme on vous l'a dit tantôt,
George Trois il était son père
Qui même avait plus d'oun marmot.
Des deux bords de le politique
Il fut comme oun explorateur :
Tantôt libéral très pratique,
Et tantôt franc conservateur.
C'est ainsi que, chez nous encore,
Certaines gars ont la talent
De suiver constamment l'aurore
De la prochain soleil levant.
Mais... Guillaume il fut oun monarque
Pour oun bâtiment bien lester,
Et sous son œil l'anglaise barque
Il ne pouvait pas s'arrêter.

VICTORIA I
(1837 - 1901)

De Victoria le Première
Tout ce qu'on peut dire est très bon.
Elle fut reine, épouse et mère
De toute le meilleur façon.
Pour voir oun peu son origine
On doit l'Histoire remonter,
La meilleur moyen, j'imagine,
De ne point s'en laisser conter.
D'abord, pour commencer la thème,
George Trois avait quatre fils.
Mon franchise il serait le même
S'il en avait eu trente-six.
Mais, pour ce qu'il n'en eut que quatre,
Je m'en tiens à cet numéro,
Et je me ferais plutôt battre
Que d'y joindre même oun zéro.
George Quatre il fut la première,
Guillaume Quatre la Second ;

Puis vint oun autre par-derrière
Dont je ne souviens plus la nom.
La duc de Kent il vint ensouite,
Et son fille Victoria,
Comme l'on a vu par le souite,
Elle devint reine et. .. voilà !
Victoria fut si tant bonne
Et si tant se fit respecter,
Que mon cœur de joie il frissonne
Quand je me vois pour le chanter.
Sa règne eut oun tel maggnitude
Que, pour en bien suivre la cours
Dans oune véridique étude,
Les vers de huit pieds sont trop courts.
Huit ou dix pieds, oh ! saperlotte !
C'été bon pour les rois communs ;
Même oun seul pied dans oun bon botte
Conviendrait bien à quelques-uns.
Mais pour oun reine qu'on admire
Avec encor plus des raisons,
Les grandes vers de Shakespeare
Même ils ne seraient pas trop longs.
Well ! well ! quand ce reine admirable
Fit sa *Diamond Jubilee*,
Sur cet sujet tant respectable
Oun grand hymne j'avais poli.
C'était en vers alexandrines
Beaucoup tendres et tresment beaux
Et, pour les rendre plus coquines,
Coupés de petits vermisseaux.

Or, comme ils renferment complète
L'histoire de cet règne-là,
Permettez qu'ici je répète
Cet hymne comme le voilà !

ODE A VICTORIA [48]
A L'OCCASION QU'ELLE JOUBILE EN DIAMOND.
Juin 1897.

Je souis oun fils altier de le grande Angleterre
De qui la fier drapeau partout dessus le terre
      Flotte dans le vent.
Mon cœur, en cet moment que le Reine joubile,
Il est piqué très fort comme par oun aigouile
      Et saute en avant.

Je ne me senté pas oune grande poète
Et je ne connaissé le française rimette
      Pas assez beaucoup ;
Mais d'oune si bel jour pour garder le mémoire
De *Queen* Victoria je veux chanter le gloire
      Encor pour oun coup.

Les soixante ans ils sont restés loin en arrière
Depouis que notre Reine entreprit le carrière
      Comme le voilà ;
Et le youmanité, dans cette longue règne,
Il n'a jamais souffert et jamais il ne saigne
      A cause cela.

_____

48.—Voir note à l'appendice.

Our most gracious Queen, en régnant de le sorte,
Il était jeune encor pour de son oncle morte
      Prendre placement.
Si tant belle il était que tout la monde admire
Encor bien plus des fois qu'on ne peut pas le dire,
      Oh !... certainement.

Son beauté maggnifique il était bien complète ;
De son joustice aussi chacun il faisait fête
      Partout au dehors.
On en parlait si fort de Roussie en Bretaigne
Que, pour aller le voir, sa cousin d'Allemaigne
      Eut le fièvre au corps.

La prince il était beau, ni grande ou trop petite,
Et devers son cousine il s'en alla bien vite
      Sans faire du bruit.
Le reine il le trouva bien pour son convenance
Et l'aima tant si fort en voyant son présence
      Qu'elle épousa lui,

Peut-être l'on dira c'été pas mon affaire,
Et quant à son privé c'été mieux de me taire
      Dans mes humbles chants.
Mais ces petites mots innocentes, il semble,
Expliqueront fort bien comment les deux ensemble
      Eurent tant d'enfants.

N'importe ! elle été là, grande reine et pouissante,
Du nation anglaise emblême éblouissante
      Avec sceptre d'or ;
Et, soixante ans après, des bords de l'Amériqne
Jusques aux sables cuits du creux noir de l'Afrique
      Elle règne encor.

Sous sa bienveillante œil tous nos gens prospéroùsent.
Les autres nations entr'elles se jalousent,
    Luttant pour l'honneur.
Mais dans le Angleterre on vit en bons apôtres ;
On ne fait plus le guerre, on le fait faire aux autres,
    Oh ! c'été meilleur.

Le Angleterre il est toujours très richissime ;
C'été connu. Pour lors de s'exposer le frime
    Il aurait bien tort.
Depuis trente ans, l'Anglaise il a mis dans son tête
Qu'oun boulet de canon il fait moins le conquête
    Qne des pièces d'or.

Sous la sceptre si mol de notre Souveraine
On connait bien l'amour, mais non jamais le haine
    Et ses vilains traits ;
Le paix règne partout dans cette vaste empire
Sur lequel la soleil, si tant loin qu'il dévire,
    Ne s'endort jamais.

Oh ! c'est oun grande roi… Mais non, il faut écrire
Reine ; car ces deux mots ils ne voulé pas dire
    Ici *the same thing*.
En français, voyez-vô, mêler la mascouline
Sans d'excellents raisons avec le féminine,
    Ça serait *shocking*.

De longtemps je sentais oun grand concoupiscence
D'écrire pour mon reine, au jour de son naissance,
    Oun hymne poli.
Voilà ! Pardonnez- moâ, vous, mes frères anglaises,
Si j'ai voulu chanter avec des vers françaises
    Our Queen's Jubilee !

Pour ce que les alexandrines
Sont vers difficiles beaucoup,
Aux huit-pieds, qui sont moins mutines,
Je reviens encor pour oun coup.
Hélas ! et c'été pour vous dire
Que ce grand reine si charmant
Que tout la monde encore admire
Comme du temps de sa vivant ;
Reine si doux, femme si bonne,
Si tant polie et vertueux
Que dans son cœur chacun s'étonne
Qu'il descendit de tels aieux
Dont on vient de lire l'histoire...
Hélas ! c'été pour dire, enfin,
Que de son vie et de son gloire
En pleurant on a vu le fin.
Il est morte en grande monarque,
Comme il l'avait été vivant ;
Et, ciel ! ce que l'anglaise barque
Dans son temps fila de l'avant !...

EDOUARD VII

(1901 - ....)

Avant la présent souveraine
Ceux qu'on a vus ils étaient morts,
Et l'on pouvait dire sans gêne
S'ils ont été bons ou butors.
Mais Edouard Sept il est en vie,
Oh ! très en vie à cet moment,
Et, pour jamais qu'on ne l'oublie,
J'ai mis son binette plus grand.
Car si d'oun monarque bien morte
On peut dire tout ce qu'on veut,
Il est proudent que d'autre sorte
On parle d'oun roi qui se ment.

C'est ce que la peuple grenouille
Un jour il apprit sous les eaux ;
Du moins, Esope il en bredouille
Dans oun de ses beaux fabliaux.
Car si vous mettez le critique
Sous la nez d'oun prince vivant,
Le chose tant beaucoup le pique
Qu'il se fâche et saute en avant.
Alors, sous le fureur royale
L'improudent est vite perdu ;
On vous le lance comme oun balle
Au bout d'oun cordeau de pendu.
Tenez ! en parlant de Sans-Terre
J'ai dit qu'il était oun crapaud.
Bien ! si d'Edouard cet mot grossière
J'allais souffler, gare à mia peau !
D'oun bout à l'autre de la ville
Ce ne serait que cris de mort ;
Chacun il se croirait utile
En me faisant oun mauvais sort,
Les grands de le magistrature
Ils me *prononceraient* oun gueux,
Et même le cléricature
Il ne me traiterait pas mieux.
Oun animal de ce faconde,
Dirait-on, il faut accrocher,
Car vérité le plus profonde
Parfois il faut savoir cacher.
Et, quand du haut d'oune potence
Mon corps il se balancerait,

C'est à qui plus fort en cadence
" *God save the King !* " il chanterait.
Bien ! Toute crainte je défie,
Et je le fais en... défiant ;
Car jamais roi pendant son vie
Ne fut plus qu'Edouard édifiant.
Dear, me ! mon seule inquiétude
Est — tenez cela pour compté ! —
De ne pouvoir en cette étude
Rendre joustice à son bonté.
Fils de Victoria Première,
Grand reine que l'on pleure encor,
Il est en tout son héritière
Même jusque dans sa cœur d'or ;
Et, tandis qu'avec grand sagesse
Sur sa peuple il règne aujourd'hui,
Cet-ci de plus en plus engraisse,
Devient rougeaud, brille et reluit.
Si tant que point je ne redoute
Pour la dit peuple aucun malheur,
Excepté... peüt-être la goutte,
Très noble mal de haut seigneur,
Et cet autre, l'apoplexie,
Que ne connait point la quêteux.
Et voilà comment j'apprécie
Les bienfaits de cet règne heureux,
Oh, dear ! oh, dear ! D'Edouard vivante
Pourquoi craindrais je de parler ?
Ce que je dis est mot courante,
Et rien je ne puis dévoiler

Qui ne soit oun parfait hommaige
A le bonté de notre Roi,
A son savoir, à sa couraige,
A sa... *Well ! Well !*... à sa tout, quoi !
Don't fear ! Edouard est oun monarque
Qui savé gouverner très bien,
Et... sous son œil l'anglaise barque
Oh, tenez !... je ne dis plus rien.

——O——

EPILOGUE

Dans la pays de Angleterre
Oh ! tout il été trèsment beau ;
Et tout il été si nouveau
Dans la pays de Angleterre,
Qu'on a beau dire la contraire
Même en criant comme oune veau,
Dans la pays de Angleterre
Oh ! tout il été trèsment beau.

D'oun bout de cet pays à l'autre
Ce n'est que palais, que jardins
D'où sont exclus tous les gredins,
D'un bout de cet pays à l'autre.
C'est mon avis, sinon le vôtre,
Et cet-là de gens beaucoup fins :
D'oun bout de cet pays à l'autre
Ce n'est que palais, que jardins.

Le grand nation qui l'habite
Il été la plus grand de tous.
Oh ! chacun sait ça comme nous,
Le grand nation qui l'habite
Il été loin d'être... petite.
Si tant qu'à la fin, savez-vous,
Le grand nation qui l'habite
Il été la plus grand de tous.

C'été surtout par son richesse
Qu'il compté la plus de valeur.
Quand plus qu'oun autre il est meilleur
C'été surtout par son richesse ;
Car... tout la monde il le confesse
Et c'été bien connu, d'ailleur,
C'été surtout par son richesse
Qu'il compté la plus de valeur.

A cause de son grand pouissance
Beaucoup de peuples sont heureux ;
Tandis que d'autres sont... peureux
A cause de son grand pouissance.
Si tant que, par son alliance,
—'Quand ils ne pouvé faire mieux —
A cause de son grand pouissance
Beaucoup de peuples sont heureux.

Il ne courtisé pas le guerre
Quand il pouvé faire autrement ;
Et, comme noble amousement,
Il ne courtisé pas le guerre.
Pourvu... qu'il fasse son affaire
Et que d'autres soient en avant,
Il ne courtisé pas le guerre
Quand il pouvé faire autrement.

Parmi les sauvaiges d'Afrique
Il sait se faire redouter,
Et sa nom il fait respecter
Parmi les sauvaiges d'Afrique.

Là ses ordres sont sans réplique,
Et... s'il faut vous le répéter,
Parmi les sauvaiges d'Afrique
Il sait se faire redouter.

Avec la peuple civilise
Oh ! bien, il été très proudent,
Et tioujours très condescendant
Avec la peuple civilise.
Pendant longtemps il... *temporise ;*
Mais si l'autre montre le dent,
Avec la peuple civilise
Oh ! bien, il été très proudent.

Douce Albion ! Chère patrie !
Je t'aime autant que je le peux
Jusqu'en mon âme le plus creux.
Douce Albion ! Chère patrie !
Je ne fais pas de menterie
Dans l'expression de mes feux :
Donce Albion ! Chère patrie !...
Je t'aime autant... que je le peux !

FIN

NOTES

1. — A la suite d'une querelle avec les siens, Egbert dut se réfugier en France, où il séjourna pendant quelque temps à la cour de Charlemagne.

2. — Alfred s'était introduit dans le camp danois, déguisé en barde.

3. — Alfred protégea les arts, la navigation et le commerce, et fonda l'institution du jury.

4. — Ethelwald.

5. — Charles III dit le Simple. Ce roi ayant été pris par le comte de Vermandois, Ogive s'enfuit en Angleterre, à la cour de son frère Athelstan et y fit élever son fils Louis, ce qui valut à ce prince le surnom d'Outre-Mer.
— Elgiva était parente d'Edwy, et celui-ci l'avait épousée malgré les canons de l'Eglise. Elle lui fut enlevée et périt dans les supplices.
— Saint Dunstan, alors archevêque de Cantorbery, fut le principal conseiller d'Edgard.

6. — Edmond II succéda à son père. Son intrépidité et sa force l'avaient fait surnommer *Côte de fer* (*Iron-side*). Il fut assassiné en 1017, et laissa Canut seul maître de l'Angleterre.

8. — On sait que notre Très Gracieuse Souveraine, la reine Alexandra, est fille de Christian IX, roi du Danemark.

9. — Guillaume le Conquérant vainquit Harold II à la fameuse bataille d'Hastings.

10 — On l'appelait *Courte-Heuse* parce que, dit-on, il avait les jambes très courtes.

11 — Etienne de Blois prit la couronne, au détriment de sa cousine Mathilde, fille d'Henri I. Il eut pour femme l'héritière des comtes de Boulogne.

12. — Répudiée par Louis VII dit le Jeune. Eléonore valut à Henri II la possession de la Guyenne, du Poitou, du Périgord, du Saintonge, de l'Auvergne, de l'Angoumois et du Limousin.

13. — Rosemonde, maîtresse de Henri II, était fille de Lord Clifford. Voulant la garantir des jalouses entreprises d'Eléonore, sa femme, Henri fit construire pour elle à Woodstock un asile mystérieux avec une espèce de labyrinthe ; elle y mit au jour deux enfants, Richard Longue Epée, et Geoffroy qui devint archevêque d'York.

14 — Son père Henri II lui avait bel et bien enlevé sa promise, Alice, fille de Louis VII, roi de France.

15. — Il remporta à Asor une brillante victoire contre 100,000 musulmans.

16 — Le duc d'Autriche, que Richard avait outragé au siège de St-Jean-d'Acre.

17. — Richard Cœur-de-Lion battit Philippe Auguste à Fréteval.

18. — En 1215, à la suite d'une révolte des barons anglais, Jean Sans Terre fut forcé de signer la Grande Charte, qui est la base des libertés anglaises.

19. — Henri III fut contraint de confirmer la Grande Charte.

20. — Wallace fut décapité à Tower-Hill.

21. — Edouard III favorisa l'université d'Oxford En souvenir de la victoire de Crécy, où il avait donné pour mot d'ordre le mot *Garter* (jarretière), Edouard

III établit l'Ordre de la Jarretière. Suivant une tradition généralement répandue, la comtesse de Salisbury, qui était aimée du roi, ayant laissé tomber dans un bal une jarretière, Édouard la releva ; et comme son empressement donnait à rire aux courtiers, il s'écria : *Honi soit qui mal y pense !* ajoutant que tel qui riait s'estimerait heureux d'en porter une semblable ; peu après il créa le nouvel ordre. Le costume et les insignes des chevaliers de cet ordre sont : une *jarretière* de velours bleu sur laquelle est brodée, en argent, la devise *Honi soit qui mal y pense !* un *manteau* en velours bleu ; un *chaperon* et un *justaucorps* de velours cramoisi, un chapeau de velours noir, un collier d'or, un *ruban* bleu porté en sautoir de gauche à droite, auquel est suspendue une médaille d'or portant l'effigie de S. George.

(Bouillet.)

22. — La couronne revenait, de droit, à Roger Mortimer, petit-fils du duc de Clarence, deuxième fils d'Édouard III. C'est cette usurpation qui prépara la funeste guerre des Deux Roses.

23. — Henri V remporta la bataille d'Azincourt, où l'armée de Charles VI fut taillée en pièces.

24. — Isabeau de Bavière signa le traité de Troyes, qui faisait passer la couronne sur la tête d'Henri V.

25. — Marguerite d'Anjou. Elle prit bientôt un empire absolu sur Henri VI et gouverna pour lui.

26. — Édouard IV envahit la France pour soutenir Charles le Téméraire contre Louis XI.

27. — Sur l'ordre de Richard, Tyrrel se rendit à la Tour et étouffa les deux enfants sous des matelas et des oreillers.

28. — Richard fut vaincu par le comte de Richmond (plus tard Henri VII) à la bataille de Bosworth,

près de Nottingham, où il perdit la vie avec le
trône.

29. — Marie d'Angleterre épousa alors le duc de Suffolk, qui l'avait suivie en France comme ambassa-
deur.

30. — Entr'autres occasions, à l'entrevue du Camp
du Drap d'Or, en Flandre.

31. — Clément VII, *Jules de Médicis*, assiégé dans
Rome par l'armée de l'empereur, sous le comman-
dement de Charles de Bourbon, fut détenu sept
mois et ne put se sauver qu'à la faveur d'un dé-
guisement.

32. — Guilford Dudley, fils de l'autre Dudley, duc de
Northumberland.

33. — Philippe II était fils de Charles-Quint.

34. — Cranmer, archevêque de Cantorbery, avait pro-
noncé le divorce d'Henri VIII d'avec Catherine
d'Aragon.   Marie Tudor le fit périr sur le bûcher,
en 1556.   Latimer, évêque de Worcester, fut
aussi brûlé vif à Oxford.

35. — C'est sous le règne d'Elisabeth qu'ent lieu, en
France, le Massacre de la Saint-Barthelémy.

36. — C'est alors qu'ent lieu l'attentat connu sous le
nom de Conspiration des Poudres, qui faillit faire
périr le roi avec le Parlement tout entier.

37. — Charles I était marié à Henriette de France,
fille d'Henri IV et de Marie de Médicis.

38. — Charles I renvoya successivement quatre parle-
ments qui lui refusaient des subsides pour conti-
nuer ses guerres extravagantes.   C'est contre lui
que les Écossais rédigèrent le fameux *Covenant
Act*, par lequel ils s'engageaient à défendre le pro-
testantisme jusqu'à la mort.

39. — Charles I fut décapité à Whitehall.

40. — C'est sous Charles II que se formèrent les deux partis politiques connus sous les noms de *Whigs* et *Tories*. L'incendie de Londres, en 1666, consuma 30,000 maisons.

41. — Sous Jacques II eut lieu, en France, la Révocation de l'Edit de Nantes, ce qui n'était pas beaucoup de nature à aider le monarque anglais dans ses luttes de religion.

42 — Par le traité de Ryswick, Louis XIV rendit à l'Espagne ce qu'il lui avait enlevé et reconnut Guillaume III pour roi d'Angleterre.

43. — Marie II mourut de la petite vérole en 1695.

44. — Le fameux duc de Marlborough, ancêtre des Churchill de nos jours, avait fait son apprentissage des armes sous Condé et Turenne. En 1704, il envahit la Bavière, battit l'électeur à Shellenberg, incendia 300 villes de ses Etats, écrasa le général français Tallart et l'électeur de Bavière à Blenheim. Il défit Villeroi à Ramillies en 1706, Vendôme à Oudenarde en 1708, et le maréchal de Villars à Malplaquet en 1709.

45. — Sophie de Nell.

46. — George II fut battu à Fontenoy par le maréchal de Saxe, et ailleurs encore. Il eut à soutenir, en Ecosse, une guerre contre le Prétendant Charles-Edouard, petit-fils de Jacques II. George II fonda le British Museum.

47. — George IV rendit de nombreuses lois contre la liberté de la presse.

48. — Cette pièce a été publiée dans divers journaux de Québec et de Montréal.

TABLE DES MATIÈRES